Melissa Chan

Geld heilt alle Wunden

Aus dem Englischen von Frauke Nissen

Ariadne Krimi 1073
Argument

Ariadne Krimis werden herausgegeben von Frigga Haug

Titel der australischen Originalausgabe: Too rich

Die Übersetzung dieses Werkes entstand mit freundlicher Unterstützung der australischen Regierung durch eine Kunstförderung des Australia Council advisory body.

Australia Council for the Arts

Redaktion: Else Laudan. Lektorat: Iris Konopik

Die Deutsche Bibliothek – CIP-Einheitsaufnahme
Chan, Melissa: Geld heilt alle Wunden / Melissa Chan
Aus dem Engl. von Frauke Nissen
1. Aufl. – Hamburg ; Berlin : Argument, 1995
(Ariadne Krimi ; 1073)
ISBN 3-88619-573-2
NE: GT

Deutsche Erstausgabe

Rentzelstraße 1, 20146 Hamburg
Telefon 040 / 45 36 80 – Fax 040 / 44 51 89
Titelgraphik: Johannes Nawrath; Signet: Martin Grundmann
Texterfassung durch die Übersetzerin
Fotosatz: Steinhardt, Berlin; Druck: Clausen & Bosse, Leck
Gedruckt auf säure- und chlorfreiem Papier

Erstes Kapitel

In dem Danil Gleixner stirbt

Die Zärtlichkeit einer Frau hat etwas,
das das Herz eines Mannes berührt – aber ohne
die Stärke einer Frau fällt sein Leben in Trümmer.

Es war ein ganz normaler Tag. An den meisten Wochentagen ging Danil ins Büro, kurz nachdem sie in die Stadt gefahren war. An diesem Morgen hatte er sich vor ihrem Aufbruch ganz besonders bemüht, seine Fliege ›genau richtig‹ zu binden, und er hatte sie gefragt, wie es aussah, weil er ihren ›guten Geschmack‹, wie er das nannte, schätzte. Es war eine Eigenschaft, über die er sich auf seine Art einerseits lustig machte, die er aber auch für nützlich hielt bei seinen Anstrengungen, sich vom Rang eines Kaufmanns in die höheren gesellschaftlichen Schichten aufzuarbeiten. Wie bei vielen sogenannten ›Emporkömmlingen‹ waren die Kreise, in denen sie jetzt verkehrten, wichtig für sein Geschäft, und für sein Erfolgsstreben.

Als sie später aus der Stadt nach Hause kam, war das Penthouse ruhig (wie an anderen Tagen auch), als sie am Schlüsselloch herumfummelte, in beiden Händen Beryl-Jents-Einkaufstaschen.

Als die Tür schließlich aufging, schob sie sich hindurch, indem sie mit der rechten, Louis-Feraud-Tuch-bedeckten Schulter gegen das glatte Holz drückte. Im Wohnzimmer waren die Jalousien heruntergelassen und schirmten das grelle Licht der frühen Nachmittagssonne ab. Ihr Unterbewußtsein registrierte das sanfte Klicken, mit dem die Tür hinter ihr ins Schloß fiel.

Das Schlafzimmer lag auf der rechten Seite, am Ende eines breiten, L-förmigen Flures. Sie ging darauf zu und betrat die begehbare Garderobe, in der sie ihre Kleidung aufbewahrten. Obwohl die meisten Sachen ihr gehörten, nahmen seine eine ganze Seite ein: Anzug um Anzug feinste italienische Schneiderkunst, Schuhe und Halbschuhe für jede Gelegenheit, etwa dreißig Seidenkrawatten. Sogar mehrere Hüte: Danil gab sich gerne als Mann von Welt, und Hüte waren ›in‹ in den Kreisen, in denen er – in denen sie sich bewegten.

Ruhig und völlig auf ihre morgendlichen Einkäufe konzentriert schob sie die Bügel auf der Stange hin und her. Ihre Hände verweilten liebevoll auf dem weichen, tiefgrünen Samtkleid, das sie aus dem Seidenpapier nahm. Sie hielt es vor sich und blickte bewundernd auf ihre hochgewachsene Gestalt mit dem auffallend roten Haar, das sich im Spiegel gegen den dunklen Stoff abhob. Perfekt! summte sie leise vor sich hin und drehte sich wie vor einer Fernsehkamera. Wenn die Welt sie hierin sah, würden die Männer ihr auf einen Blick hin zu Füßen sinken, und die Gesichter der Frauen würden hart werden – oh! fast (aber nicht ganz) unmerklich: In dem, was in Sydney als die gute Gesellschaft galt, waren die Frauen geschickte Heuchlerinnen. Aber sie erkannten wirkliche Klasse, wenn sie sie sahen, und (mehr noch) sie erkannten eine ebenbürtige Rivalin sofort.

Die Tür zum Fitneßraum – der privaten Turnhalle, die Danil im Penthouse hatte einbauen lassen, war fast geschlossen. Leise vor sich hin summend ging sie darauf zu und hob die linke Hand, um gegen das undurchsichtige Glas zu drücken. Es gab ihrer Berührung nicht nach. Sie stieß fester dagegen und blickte dann nach unten, ob vielleicht ein Handtuch oder ein Kleidungsstück die Tür verklemmte.

In diesem Augenblick sah sie das Rot, das scharf vom weißen Flor des Teppichs abstach. Als sie den rechten Fuß hob, stellte sie fest, daß Sohle und Ränder ihres Schuhes rot verschmiert waren. Wie von Sinnen warf sie sich diesmal mit dem ganzen Körper gegen die Tür. Diese blieb unbeweglich. Sie fing an zu schreien.

»Na, sag schon, Kumpel. Hab' ich's geschafft, oder hab' ich's geschafft?« Inspektor Barnaby sah seine Besucherin über den breiten Schreibtisch hinweg an. Er imitierte, wie beiden klar war, die Sprache seiner Vergangenheit. Er war in Mount Druitt in den westlichen Vororten von Sydney aufgewachsen, und er hatte die Wahl gehabt, entweder gegen die Bullen zu kämpfen oder aber einer von ihnen zu werden. Da er kein Interesse an einer Rebellion hatte, die seiner Meinung nach sinnlos war, war Joe Barnaby einer von ihnen geworden. Und machte Karriere.

Inzwischen war er zweiundvierzig und brauchte nicht mehr seine ehemaligen Artgenossen zu überwachen, die Jugendlichen draußen bei Rooty Hill oder Parramatta, denen eher geringfügige Vergehen zur Last gelegt wurden: daß sie Milchgeld stahlen oder mit gefährlichem

Spielzeug rumhantierten, das sie nach dem Vorbild der Teenage Mutant Ninja Turtles – oder was immer gerade der letzte Schrei war – gebastelt hatten. Oder (die schlimmste Art von Vergehen) daß sie die Schule der Gegend niederbrannten und sich mit Computern und Videogeräten im Wert von mehreren Tausend Dollars davonmachten. (Wenigstens, dachte er, kriegen sie inzwischen da draußen die Gelder, um das Zeug für die Schulen kaufen zu können. Na gut, es wird also gestohlen. Aber die Kinder können es benutzen – legal oder illegal –, und die Regierung hat so viel Angst vor neuen Unruhen, daß sie den Kram immer wieder ersetzt.)

»Doch, ich würde sagen – du hast es geschafft!« sagte Francesca Miles ernst. Aber ihre Mundwinkel zuckten verräterisch, und beide brachen in lautes Gelächter aus.

»Nicht schlecht für einen Westie«, prustete Joe und klopfte auf das Berichtsheft vor ihm. »Und ich weiß, warum ich meine Zeit damit vertrödele, mit dir zu reden«, rief er und drohte Francesca, die ihm mit vor Lachen zuckenden Schultern gegenübersaß, mit dem Zeigefinger.

»Ach, komm, Joe – du würdest mir doch nicht Turramurra übelnehmen, oder?« fragte sie. »Kann man mir denn die Fehler meiner Eltern vorwerfen?«

Francesca Miles war an Sydneys North Shore aufgewachsen: heile Vororte, die mit den älteren, etablierten Ortsteilen Point Piper und Rose Bay konkurrierten und mit Teilen von Woollahra, im Osten des Stadtzentrums. Sie und Joe Barnaby hatten sich kennengelernt, als sie an der Universität Kunst studierte, wie die meisten ihrer Freundinnen. Francesca hatte später zu Jura übergewechselt. Ein paar Jahre danach (und wahrscheinlich auf Grund ihrer Überredungskünste, dachte sie jetzt) hatte er angefangen, Kriminologie auf Diplom zu studieren.

Sie steckte damals in den Vorbereitungen für ihre Magistraprüfung in Strafrecht und Kriminologie. Sie besuchten teilweise dieselben Kurse und hatten, zur Überraschung einiger Mitmenschen, auch dieselbe politische Einstellung (und denselben Filmgeschmack).

»So, Fran, du bist also hier, um über das Filmfestival von Sydney zu berichten.«

»Ja, aber ich nutze die Gelegenheit und nehme ein paar ›kommerzielle‹ Filme mit, wie man in der Branche zu sagen pflegt«, sagte sie mit übertriebenem Achselzucken und breitem Grinsen. »Rate mal, was ich mir gerade zu meinem Entsetzen angesehen habe, als ich eines Montag Nachmittags die George Street entlangspazierte? Ohne was vorzuhaben, ohne Ziel, ohne Pläne und in der Stimmung für ein bißchen Quatsch?«

Er hob fragend die Augenbrauen.

»*Der Feind in meinem Bett.* Das sagt so ziemlich alles, nicht?« Sie verzog das Gesicht. »Besser, du lachst darüber, sonst kannst du nur darüber weinen. Und du weißt, daß ich normalerweise nicht in Klischees rede, auch nicht, wenn sie griffig sind. Und Junge, Junge, was für eine Gelegenheit, ergriffen zu sein: Hübsches Mädchen heiratet schönen Mann, und was passiert? Er verwandelt sich in ein Ungeheuer, sperrt sie zu Hause ein und läßt sie nur manchmal raus. Sie kann überall hingehen, solange *er* dabei ist, sagt er. Und wenn sie mal was alleine unternimmt, na, dann scheuert er ihr einfach eine. Und zwar sofort, ohne Umschweife. Schläge auf den Kopf, Kinnhaken. Solange man hinterher nichts sieht, ist ihm alles recht. Das Schlimme ist, daß die Geschichte nur zu wahr ist, Joe. Das wäre eine tolle Gelegenheit gewesen, diese Botschaft zu vermitteln, sie in alle Gehirne einsickern zu lassen und allmählich mal was zu verändern.

Ich meine, Tausende von Leuten gehen in diesen Film. Er zieht sie in Scharen an. Gestern war das Kino voll mit Frauen, Männern, Jugendlichen, Kindern –«

Francesca Miles schlug mit dem Notizbuch, das sie in der Hand hielt, auf den Schreibtisch, um ihren Worten Nachdruck zu verleihen. »Hier stehe ich also, eine Verfechterin der Frauensache, und sehe mir einen Film an, der durchaus hätte gut sein können – und dann werde ich mit einem Mischmasch konfrontiert, über den ich wenig oder überhaupt nichts Gutes sagen kann. Na ja, zumindest ging es um Prügeln in den sogenannten besseren Kreisen. Mal was anderes als die übliche Vorstellung, daß nur Frauen von irgendwelchen Asozialen verdroschen werden.«

Sie schwieg einen Augenblick und dachte daran, was Luana ihr erzählt hatte. Ihre Mutter hatte in einer Ecke gekauert, und ihr Mann, Luanas Vater, hatte groß und mächtig über ihr gestanden, sie laut brüllend beschimpft und dabei mit einer Reitgerte auf sie eingeprügelt. Sie dachte an die Nächte, in denen Luana zitternd neben ihr im Bett aufgewacht war und sich schluchzend an sie klammerte, weil sie wieder einen Alptraum aus ihrer Kindheit gehabt hatte. Luana – Francesca hatte sie im *Red Ruby* kennengelernt, der Lesbenbar in Surry Hills. Bald danach waren sie von Sydney nach Melbourne gezogen, um ein ruhiges Leben zu führen. Für Luana war es die Flucht aus einer Welt, in der ihr Vater die Macht hatte. Er gehörte zu jener exklusiven Gruppe von Wirtschaftsmagnaten, die ihre Geschäfte an der Börse knallhart durchzogen, hier verkauften, dort kauften und dabei nichts zum Wirtschaftswachstum beitrugen und noch weniger zum Leben und Wohlergehen ihrer Mitmenschen. Der Osten von Melbourne mochte selbstzufrieden und langweilig sein, aber ihr und Luana gefiel er. Wenigstens konnte sich dort kein Gordon Burton Adams mit seinem Firmenkonglomerat dauernd in ihr Leben drängen. Wenn sie die Wirtschaftsseiten in *Age* und den *Fin. Review* ganz und gar mieden, dann konnten sie so tun, als existierte er nicht mehr – bis zum nächsten Alptraum.

Francesca schauderte. Sie richtete sich auf und kehrte in die Gegenwart zurück, in Joe Barnabys Büro in der College Street. Er lehnte sich über den Schreibtisch und sah ihr fest in die Augen. Sein Lächeln strafte seine harten Worte Lügen.

»Also, Fran, du spielst ja immer noch die schicke Filmkritikerin. Wann suchst du dir endlich einen *richtigen* Beruf?«

Francesca deutete einen Schlag in seine Richtung an und wollte gerade etwas erwidern.

Das leise, aber beharrliche Schnarren des Telefons neben Joe Barnaby unterbrach sie.

»Ja?« blaffte Joe in die Muschel.

Ein unverständliches Gekrächze setzte ein. Francesca sah, wie Joe die Augenbrauen in die Höhe zog und im selben Moment eine ausdruckslose, offizielle Miene aufsetzte.

Die Stimme brach genauso plötzlich ab, wie sie eingesetzt hatte. Inspektor Barnaby legte auf und griff nach seinem Pistolenhalfter, das zu seiner Rechten auf dem Schreibtisch lag. »Also, Mädchen, da ist sie.« Er verzog das Gesicht. »Meine große Chance. Löse ich den Fall, bin ich ein Held. Versage ich, bin ich ein toter Mann.« Er schob seinen Stuhl zurück und stand eilig auf. »Du wirst es nicht glauben – und ich verrate dir sowieso kein Geheimnis. Es wird durch alle Nachrichten gehen, und das Fernsehen ist auch schon da. Gleixner, Danil Gleixner.

Er ist tot. Erschossen. Sieht aus wie Selbstmord, aber es gibt ein paar Unklarheiten. Also – Inspektor Barnaby zu Ihren Diensten!«

Er war schon halb zur Tür, als sie ihn aufhielt.

»Hey, Barnaby! Was ist mit mir? Hier bin ich, am Ort des Geschehens, und du haust ohne mich ab. Wo ist denn die dicke Freundschaft, von der du dauernd redest. Die Überzeugung, daß Frauen kriminalistisches Gespür haben und in ihrem Beruf vollen Einsatz bringen. Schlicht und einfach – die Gleichberechtigung.«

Sie stotterte fast und war wütend auf sich selbst angesichts ihrer Sprachlosigkeit. Er durfte damit nicht durchkommen. Okay, sie war kein Mitglied der Polizei. Aber sie kannte ihn seit Jahren. Hatte sogar geholfen (oh Göttin, was sagte sie da?) – hatte mehrere der Morde aufgeklärt, die ihn zum Leiter des Morddezernats gemacht hatten. Und jetzt tat er so, als gäbe es sie nicht. Na ja, fast jedenfalls. Sagte ihr zwar, um wen es ging – aber nicht wie oder wo, geschweige denn, daß sie mitkommen könne.

Er zögerte. Überlegte schnell, erinnerte sich an ihren flinken Verstand, wenn ein Mordfall unlösbar schien. Man konnte es als unorthodox betrachten, wenn er eine Privatdetektivin mitnahm zu einer Polizeiangelegenheit. Aber sie konnte – nein, sie würde nützlich sein, das mußte er zugeben, fairerweise und auch weil es vernünftig war angesichts der Tatsache, daß er aufklären mußte, was immer es in diesem Fall aufzuklären gab.

»Okay, Fran. Nur dieses eine Mal. Aber halt dich zurück, solange die Zeitungsfritzen in der Nähe sind. Wenn sie dich durchschauen, sind wir vielleicht beide dran.«

»Ja, klar, Joe. Ich werde brav sein.« Sie sah ihn schelmisch an. »Ich werde ganz einfach in der Tapete verschwinden. Oder in der Holzvertäfelung. Wie immer die Ausstattung am Tatort aussieht.«

»Apartment. Penthouse. Double Bay, Skye. Direkt am Hafen. Seine Freundin hat ihn gefunden. Sie wohnte bei ihm.«

Sie gingen gemeinsam zum Wagen, der in der College Street mit der Nase Richtung Innenstadt und Kathedrale geparkt war.

»Na, du weißt ja, daß mir wahrscheinlich sowieso niemand viel Beachtung schenken wird,« lachte Francesca und zuckte leicht schmollend mit den Schultern. »Alle werden nur Augen für Ms. Prince haben. Ms. Elizabeth Prince, stimmt's? Zwanzig bis fünfundzwanzig Jahre jünger als er. Groß, rote Haare, Universitätsabschluß. Kunst, oder? Hatte mit Medizin angefangen, schaffte das aber irgendwie nicht. Gleixner traf sie beim Pferderennen. Warf das ältere Modell, Rosa, raus, nachdem er etwa fünf Jahre hin- und hergependelt war. Scheidung in Aussicht?«

Barnaby fädelte den Wagen durch den dichten Verkehr die William Street hoch und unter der Kings-Cross-Überführung durch. Die Nachmittagsbrise wehte durch die offenen Fenster.

»Nun, das wird gemunkelt. Aber ich habe nie geglaubt, daß er es wirklich tun würde. Sich von Rosa scheiden lassen, meine ich. Sie ist das, was man eine starke Frau nennt. In Wirklichkeit war *sie* es wohl, die das Geschäft zusammenhielt. Elizabeth Prince dagegen – ein völlig anderer Typ. Es gab eine starke Ähnlichkeit. Sie sah aus wie Rosa vor ungefähr fünfzehn Jahren. Hatte aber nichts von deren Stehvermögen. War eher für's leichte Leben. Und das hat Rosa wirklich nicht gehabt. Vom ersten Tag ihrer Beziehung an hat sie mit Danil

Gleixner gearbeitet. Derselbe Background. Kamen aus Panama hierher, auf der Flucht vor dem totalitären System. Ließen sich nieder, ohne einen Penny ihr eigen zu nennen. Arbeiteten zusammen in einer Importfirma für Luxuswagen. Dann kamen die Kinder. Sie machte die Buchhaltung, er reiste umher, kümmerte sich um den Verkauf und die Reparaturen. Sie bauten die Firma gemeinsam auf. Und dann war Gleixner anscheinend nicht mehr zufrieden. Wollte den Verstand und die Zähigkeit von Rosa. Und wurde schwach bei der Prince.«

Joe Barnaby konzentrierte sich auf die Straße und die Wagen, die sich hinter und vor ihm stauten. Aber sein Verstand kreiste schon um das, was er wußte. Trennte die Gerüchte von den Tatsachen, die der Polizei vorlagen über den medienhungrigen Geschäftsmann von irgendwo aus Südamerika. Kam hier auf einer billigen Schiffspassage an, mit zehn Dollar in der Tasche. Machte aus sich das Paradebeispiel eines Selfmademans. Mit den Millionen, für die so viele andere genauso gearbeitet hatten wie er. Mit der Arbeit von Menschen, die Einwanderer waren wie er. Niedrige Löhne. Kampf gegen Gewerkschaften. Zahlte unter Tarif, wann immer er damit durchkam. Und doch – trotz allem ein Held für die Männer, die er täglich ausbeutete. Sie sahen, daß er reich und mächtig geworden war, wenn auch durch die Ausbeutung ihrer Arbeitskraft, und daß sie es deshalb auch schaffen könnten. Der sprichwörtliche Topf mit Gold am Ende des Regenbogens verführte sie dazu, seine autoritären Methoden hinzunehmen. Sie wollten das System so aufrechterhalten, wie es war, damit sie (wenn das Wunder geschah und sie im Lotto gewannen, einen Glückstreffer landeten oder was immer es war, was dem gewöhnlichen Mann zur eigenen Bergbaugesellschaft, zur Supermarktkette oder zum Brauereivermögen verhalf) es für sich nutzen konnten, wie er es tat. Wie er es getan hatte.

Aber dann – Oktober 1987. Der Aktienmarkt brach zusammen. Gerüchten zufolge war es wie 1929. War Danil Gleixner davon betroffen? Zu hoch verschuldet? Zu stark expandiert? Hatte er weitergekämpft, seine Verluste getragen, ohne sich der Öffentlichkeit oder der Geschäftswelt gegenüber anmerken zu lassen, wie schwer der Marktverfall ihn getroffen hatte? Hatte er versucht weiterzumachen, die folgende Rezession auszusitzen? Dann gemerkt, daß es zuviel war, daß der Aufschwung nicht schon ›hinter der nächsten Ecke‹ wartete? Daß das erhoffte Bild der Konjunkturkurve sich einfach nicht einstellte? Dann beschlossen, dem Ganzen lieber mit der Waffe ein Ende zu bereiten, als die Schmach zu erleiden, sein Imperium um ihn herum zusammenbrechen zu sehen, zugeben zu müssen, daß der Selfmademan auf Sand gebaut hatte und jetzt mit der Schnauze im Dreck lag, genau wie all die anderen?

»Okay, Constable, ich hab's.« Inspektor Barnaby und Francesca Miles standen mit den Füßen tief im üppigen Flor des Teppichs, der die Eingangshalle des Penthouses auf Skye bedeckte, wo sich die rasch abkühlende Leiche von Danil Gleixner immer noch befand.

Man hatte Elizabeth Prince starke Beruhigungsmittel verabreicht und sie in ein Privatkrankenhaus bei Point Piper gebracht, ein Polizist als Wache vor ihrem Zimmer, für alle Fälle.

»Sie verließ die Wohnung gegen neun Uhr morgens, um einzukaufen und sich mit einer Freundin, Suzanne

Pleasamore, zu treffen; bei David Jones in der Stadt. Nahm ihren eigenen Wagen. Parkte auf dem Privatparkplatz der Eixn Enterprises in der York Street. Ging zu Fuß durch Grace Brothers und Centrepoint, stöberte durch die Boutiquen im ersten und zweiten Stock bei David Jones und fuhr dann im Fahrstuhl zum Restaurant auf der obersten Etage. Dort traf sie die Freundin um halb elf, und sie unterhielten sich bis halb eins und tranken schwarzen Kaffee.«

Joe Barnaby machte eine Pause. Er sah Constable Crawshaw an und schnitt eine Grimasse, doch dieser blieb kerzengerade vor ihm stehen und verzog keine Miene. »Über was zum Teufel reden diese Frauen bloß, alter Knabe?« fragte Barnaby, ohne eine Antwort zu erwarten. Er spürte eine leichte Bewegung neben sich, doch Francesca Miles rief sich in Erinnerung, daß sie als Polizistin in Zivil hier war, und verkniff sich die scharfe Bemerkung, die ihr auf der Zunge lag.

»Irgendwelche Zeugen?«

»Das Dienstmädchen hat gesehen, wie sie wegging. Bei diesen Apartments ist Raumpflege inbegriffen, Inspektor, und das Mädchen ist für sechs auf dieser Seite zuständig. Normalerweise macht sie Gleixners als letztes, weil die beiden gewöhnlich zwischen halb zehn und halb elf weggehen und spät zurückkommen. Die anderen gehen früher und kommen früher wieder nach Hause.«

Constable Crawshaw warf einen kurzen Blick auf seinen Notizblock. »Das Mädchen erhielt gegen halb elf einen Anruf. Ihre Schwester sei in einen Unfall verwickelt gewesen, und sie solle sofort ins North Shore Hospital kommen. Sie hat heute also Gleixners Penthouse überhaupt nicht saubergemacht.«

»Und die Schwester?« unterbrach ihn Francesca. Ihr Mißtrauen gegenüber Zufällen besiegte den Vorsatz zu schweigen, solange der Constable nicht mit seinem Bericht fertig war.

Constable Crawshaw sah erst sie, dann seinen Vorgesetzten an und nickte. »Ja, es war anscheinend ein Trick. Der Schwester geht es gut. Besser denn je sogar. Ist weder an dem Tag noch am Abend vorher Auto gefahren. Als das Dienstmädchen im Royal North Shore ankam, wußte niemand, wovon sie überhaupt sprach. Sie hatten da auch keine Schwester Johnson – diejenige, die angeblich angerufen hatte. Keine Schwester Johnson im Dienst. Es gab mal eine Schwester Johnson – aber die hat vor ungefähr einem Monat gekündigt.«

Die Männer von der Spurensicherung waren gegangen und hatten Proben von Fingerabdrücken und, wie es aussah, allen möglichen Fasern und anderen Partikeln mitgenommen, die es in dem Penthouse gab. (Und natürlich, Francesca hatte das Fehlen von Wissenschaftlerinnen registriert und sich vorgenommen, Barnaby in dieser Hinsicht zu bearbeiten. Ein Frauenförderungsprogramm im polizeilichen Spurensicherungslabor? Warum eigentlich nicht. Die meisten Frauen in der Wissenschaft endeten doch damit, durch irgendein Mikroskop zu spähen, zwischen Kinderkriegen und Betreuung des Ehemanns. Sie konnten ihre Fertigkeiten ebensogut in den Polizeilabors ausbauen – und den Ruf von Frauen auf diesem Gebiet wieder aufbessern, nachdem er großen Schaden genommen hatte durch das Desaster im Fall Alice Lynne Chamberlain und ihrem angeblich von einem Dingo gefressenen Baby und durch die Zerstörung von Dias, auf denen sich angeblich vernichtende – oder entlastende – Beweisstücke befunden hatten.)

Sie lehnte im Türrahmen und blickte auf Barnaby hinunter, der am Boden kniete und eingehend die Stelle untersuchte, an der Danil Gleixner gelegen hatte.

»Er erschoß sich mit dem Rücken zur Tür – wenn er es war, und im Moment sieht es noch ganz so aus. Die Kugel ist in seinem Gehirn steckengeblieben, und er rutschte zu Boden und blockierte die Tür. Wer immer hereinkam, konnte also die Tür nicht öffnen.«

»Rücksichtsvoller Typ«, sagte Francesca, und ihre Stimme klang ungewöhnlich bitter. »Beschützte wie immer die Frauen in seinem Leben – vor dem Leben oder dem Tod. Kommt darauf an, wie du es siehst. Wollte nicht, daß sie ihn am Boden liegen sehen. Könnte ja ihre angenehmen Erinnerungen an ihn zerstören. Nicht seine Schuld, daß der alte Mann soviel Blut in sich hatte. Ihre Schuhe haben was abgekriegt.«

Barnaby sah auf. »Aber er hat die Tür nicht richtig zugemacht, ehe er es tat. Er fiel dagegen, so daß sie zufiel, aber sie hat nicht richtig geschlossen. Irgendeine Erklärung dafür, Fran?«

Sie schüttelte den Kopf und ging dann ins Schlafzimmer, wo sie mit verhohlenem Abscheu den Prunk betrachtete: den allgegenwärtigen üppigen weißen Teppich; das extra-große, weiß bezogene Doppelbett mit den sechs dicken weißen Kissen am Kopfende; eine Wand vom Boden bis zur Decke protzig verspiegelt; tiefgrüne Samtvorhänge rahmten eine zarte weiße Gardine vor der breiten Verandatür. Die letztere führte (wenn sie jemals geöffnet wurde) auf eine Terrasse mit Blick auf den Hafen. (Die Vorhänge waren offensichtlich so ausgewählt worden, daß sie einen möglichst schönen Kontrast zu den tizianroten Locken der Penthouse-Herrin bildeten.)

Francesca Miles wandte sich um und ließ ihren Blick durch den Raum schweifen. Meistens wurden in der Intimität dieser abgeschlossenen Bereiche der Häuser im ganzen Land die miesesten Verbrechen begangen. Prügel für die Ehefrau. Gewalt, die die Frauen allzu oft als »das, was eine Ehefrau schon mal hinnehmen muß« abtaten, zumindest wenn es im Ehebett passierte und nicht in irgendeiner engen, einsamen Gasse. Verletzung der intimen Welten kleiner Mädchen (und manchmal Jungs) unter dem Vorwand »Ich zeig dir mal, wie man erwachsen wird«. Gab es vielleicht hier irgendeinen Anhaltspunkt für den Tod von Danil Gleixner, einem der reichsten Männer Australiens?

Ersetze ›Männer‹ durch ›Leute‹, dachte sie ironisch. Wenn er einer der reichsten Männer ist, dann können ihm erst recht keine reichen Frauen den Titel streitig machen. Außer jetzt vielleicht – seine Frau. Kommt darauf an, wie die Dinge im Testament geregelt sind, sagte sie zu sich selbst.

Sie blickte nach unten und bemerkte die Waage. ›Man kann niemals zu dünn oder zu reich sein.‹ Hatte das nicht die Gräfin von Windsor gesagt? Auch bekannt als Wallis Simpson. Kein Wunder, daß das britische Establishment sie nicht als Königin haben wollte. Der Gedanke, vor einer einen Kniefall machen zu müssen, die im wirklichen Leben Mrs. *Simpson* war, war ihnen zuwider. Sie entschieden sich dagegen. Und sie wurde die Gräfin von Windsor, ins Exil geschickt nach Frankreich und Barbados, in ein Leben in Reichtum, für das sie keinen Finger krumm machen mußte. Mit Hitler auf du und. Tauschhandel mit den Braunhemden. Und bei jeder

Gelegenheit rauf auf die Waage, um sicherzugehen, daß sie durch all dies süße Leben ja kein Pfund zu-, sondern möglichst mehrere täglich abnahm.

»Zuviel oder zuwenig?«

Joe Barnaby stand in der Tür. Sie wurde rot, als sie sich zu ihm umdrehte, hätte fast das Gleichgewicht verloren und wäre von der Waage gefallen. »Ich wollte mich bloß mal wiegen«, meinte sie. »Ich hab' die Waage hier gesehen und dachte, ich –«

»Ja, ja, ich kenne euch Frauen«, lachte Barnaby und drohte ihr mit dem Finger. »Ihr seid alle gleich. Jill würde das auch tun – sobald sie eine Waage sieht, springt sie drauf. Muß es unbedingt wissen, das Schlimmste oder das Beste. Liegt das Gewicht unter dem, was ihre eigene Waage anzeigt, glaubt sie es. Liegt es darüber, ignoriert sie es. Behauptet, es sei falsch. Die Waage sei nicht richtig eingestellt.«

»Na ja«, sagte Francesca und lachte schuldbewußt, »genau das hab' ich eben auch gedacht. Diese Waage macht mich drei Pfund zu schwer – also stimmt sie wohl nicht. Vielleicht – vielleicht ist Elizabeth Prince so besessen, daß sie sie zu hoch einstellt, um sich nicht vormachen zu können, sie wöge weniger als in Wirklichkeit.«

»Aber hallo. Wo bleiben denn deine feministischen Prinzipien, Fran?« meinte Barnaby. »Es könnte schließlich auch Gleixner gewesen sein. Ich muß zugeben, daß wir Männer auch nicht besser sind. Oh, wir verstecken es vor allen, das stimmt. Aber wir sind wahrscheinlich genauso besessen von unserem Gewicht wie Frauen, ohne daß es jemand ahnt. Vielleicht ist er jeden Morgen direkt vom Bett auf die Waage gesprungen, noch bevor er mit seinem Training im Fitneßraum anfing.«

Der Fitneßraum in dem großen Zimmer direkt neben der Garderobe war wirklich gut ausgestattet. Heimtrainer. Laufband. Bodybuilding-Geräte. Eine Arztwaage für den Sportsfreund, mit Gewichten, die an einem langen Hebel in Taillenhöhe befestigt waren und die man entsprechend dem Gewicht der Person einstellen konnte, die auf der leicht erhöhten Plattform stand. Ein Mini-Trampolin. Alles, was das Herz begehren kann, Gleixner hatte es.

»Na, was schätzt du, Joe? Mord oder Selbstmord?« Francesca stieg von der Waage und sah Barnaby fragend an.

»Eins wissen wir ganz sicher, Fran. Wer immer auf ihn gezielt hat – er selbst oder irgendein Feind –, er wußte, was er tat, und er tat es mit voller Absicht. Es war kein Unfall. Und ganz bestimmt auch kein Totschlag!«

Zweites Kapitel

In dem Rosa Gleixner das Wort hat

Männer sind wie Honigbienen.
Sie fliegen von Blüte zu Blüte
und nehmen Nektar von einer jeden.

»Was zum Teufel tun Sie in meiner Wohnung?« Erschrocken sahen Joe Barnaby und Francesca Miles einander und dann die große, hennagefärbte Brünette an, die in der offenen Tür stand, beide Arme in die Hüfte gestemmt. »Raus mit Ihnen, und nehmen Sie Ihre blöden Notizbücher und Ihre Neugier mit.« Sie machte eine energische Handbewegung.

»Mrs. Gleixner, entschuldigen Sie, ich bin Inspektor Barnaby, und dies ist –«

Bevor Barnaby seinen Satz beenden konnte, polterte Rosa Gleixner (denn das war sie) ins Zimmer, und ihre spitzen Absätze hämmerten auf den polierten Parkettfußboden der Eingangshalle. »Ich sagte, raus mit Ihnen. Raus. Raus. Raus.« Fast ohne innezuhalten, ging sie hinüber zum Kaminsims und fegte mit einer einzigen Armbewegung eine große Kristallvase mit roten Mohnblumen zu Boden, die dort stand. Sie landete mit einem durchdringenden, splitternden Geräusch. Wasser spritzte über den Teppich und den Kamin. Die Mohnblumen fielen wie Blutstropfen auf den weißen Flor. »So, jetzt können Sie gehen.«

Es klang wie der endgültige Befehl von einer, die gewöhnt war, ihren Willen durchzusetzen. Aber es wirkte nicht bei Joe Barnaby, der Rosa bedeutete, sich auf die Couch zu setzen, die er gerade freigemacht hatte.

»Dies ist *mein* Besitz«, wiederholte sie. »Sie sitzen –«, sie zeigte auf Francesca, »und Sie stehen–«, sie stieß Barnaby an, »auf meinem Stuhl und auf meinem Fußboden. Jetzt, wo *er* tot ist – Danil dahingegangen ist –« Sie warf die Hände über den Kopf und zeigte gen Himmel. »Es gehört mir. Es ist alles meins, meins, meins.« Beim letzten Wort brach sie in lautes Schluchzen aus, das von tief innen zu kommen schien. Plötzlich warf sie sich auf die Couch, packte ihr Haar mit beiden Händen und vergrub das Gesicht in dem weißen Leder.

»Nein, ich war heute morgen nirgendwo hier in der Nähe.« Rosa Gleixner hatte ihre Fassung zurückgewonnen, was sich hauptsächlich darin äußerte, daß sie aufhörte zu stöhnen und zu jammern und sich dann den Tiefen ihrer Handtasche zuwandte, um einen Kamm, einen kirschroten Lippenstift und eine echtgoldene Puderdose hervorzuholen. Sie tupfte sich die Augen ab, legte Puder und Rouge auf und marterte ihre Lippen mit Helena Rubinsteins Lippenstift Passionsblume, der nach wildem Drehen aus der Hülse erschien. Dann saß sie geduldig da in Erwartung der Fragen, von denen sie wußte, daß sie nicht ausbleiben würden.

»Ich bin erst seit heute morgen zurück in Sydney. Ich bin mit dem Flugzeug aus Hongkong gekommen und direkt in das Haus in Rose Bay gefahren.«

Sie preßte die Lippen fest aufeinander und sah Inspektor Barnaby trotzig an, als wollte er sie einer Lüge überführen.

»Mrs. Gleixner, je eher wir diese Befragung hinter uns bringen, desto eher können wir – die Polizei – wieder aus Ihrem Leben verschwinden. Aus dem Leben von Ihnen allen – der ganzen Familie Gleixner«, sagte er und gab sich innerlich einen Tritt für seine Dummheit, die einen neuerlichen Schwall von Beschimpfungen auslöste. Das hätte er sich denken können.

»Ja, aber was ist mit ihr. Diese – diese – *Freundin*. Die Schlampe, die er hier hatte. Wollen Sie etwa sagen, daß Sie sie nicht befragen? Lassen Sie sie aus allem raus? Wollen Sie etwa nur mich und meine Familie in die Mangel nehmen?« Sie warf Francesca einen giftigen Blick zu. »Sie beide – wissen Sie denn nicht, daß er sich niemals selbst umgebracht hätte? *Niemals*. Danil war einfach nicht so. Egal was gerade geschah, wie gut es auch war, er glaubte immer, daß das Beste hinter der nächsten Ecke läge. Er glaubte, daß es nur auf ihn wartete. Nein, jemand muß ihn getötet haben. Und – und es ist diese Frau. Je eher Sie sich in Bewegung setzen und *sie* befragen – sie verhaften – um so eher können wir zu unserem Leben zurückkehren... zu einem Leben ohne ihn.«

Eilig stellte Inspektor Barnaby die nächste Frage. Sie drohte wieder in Schluchzen auszubrechen, und er hoffte, sie abzulenken.

»Hongkong also. Sie waren geschäftlich dort, Mrs. Gleixner?« Er hob fragend die Augenbrauen.

Getreu den Medienberichten von ›Sunny‹ Gleixners täglichen Reisen bestätigte Rosa Gleixner, daß für sie Geschäfte Partys und Partys Geschäfte bedeuteten. »Es war eine kleine Erholungsreise nach der Hochzeit. Nur ein kleines Beisammensein für mich und Lady Merthers. Suzy Williams und Trudy Shoeburne flogen von Sydney und von der Goldküste hoch, um uns dort zu treffen. Und die Herzogin Aziza und ihre Tochter Alyssia kamen mit dem Flugzeug aus Rom dazu. Alles auf meine *Gold Card* natürlich.«

Francesca sah Joe Barnaby mit kaum verhohlenem Abscheu an. Es gab in dem ›gelobten Land‹ Australien alleinerziehende Mütter oder Väter, die mit zwei Kindern von etwa achttausend Dollar im Jahr leben mußten, und dann warf diese – diese – sie zögerte, Rosa Gleixner den Status einzuräumen, der ihr laut Francesca Miles' Auffassung auf Grund ihres Geschlechts zustand. Diese Frau warf mit den Tausendern um sich, nur für eine kleine Wochenendspritztour ins Ausland.

»Und wie lange waren Sie dort, Mrs. Gleixner?« fragte Francesca mit leiser, beherrschter Stimme.

»Ach – zwei, drei Tage. Mal sehen – die Hochzeit war am Sonntag. Sonntag vor einer Woche.« Sunny Gleixner verstummte und dachte zurück an die herrlichen Wochen vor der Hochzeit ihrer jüngeren Tochter Mirna mit Charles, dem ältesten Sohn der Tysons, einer der reichsten Familien West-Australiens. Und einer der ältesten. Beste Abstammung. Riesiger Landbesitz zwischen Albany und Esperance. Urahnen, die sich mit den ersten Siedlern am Swan River niedergelassen hatten. Alter Familiensitz auf jenem Land, das der Familie ursprünglich von Governor Stirling zugesprochen worden war. Ein zweiter Sitz in Peppermint Grove, mit Gärten, die sich durch einen Olivenhain bis ans Gestade des Swan River erstreckten. Ah! Das waren Wochen gewesen, für die es sich zu leben lohnte ...

Sie wurde durch Francescas durchdringenden Blick

zurück in die Gegenwart gezerrt. Sie mußte eine vollständige Antwort geben.

»Nun, das Hochzeitsmahl dauerte geschlagene drei Tage. Wenn ich ehrlich bin, als sie fort waren – Mirna sah so süß aus in ihrem blaßrosa Kostüm, und Charles – Charles ist so groß und gutaussehend, egal was er trägt... Nun, sie sind nach Yanchep in die Flitterwochen gefahren, unten an der Küste. So ein sonniges Fleckchen, Yanchep. Genau richtig für ein junges Paar in den Flitterwochen. Und später im Jahr fliegen sie natürlich nach Europa. Wenn Charles sich von den Schafen und dem Weizen loseisen kann – Geschäfte, wissen Sie.«

Man sah ihr an, wie sie sich bemühte, sich an die ursprüngliche Frage zu erinnern, dann antwortete sie hastig: »Drei, sagen wir vier Tage in Hongkong.«

»Also, wann verließen Sie Perth, und wann kamen Sie an, Mrs. Gleixner?« Francescas Stimme war fest und ließ keine Ausflüchte zu. Mrs. Gleixner antwortete sofort.

»Der Abflug war Donnerstagnacht – spät. Kam in Hongkong am nächsten Tag an. Wir beide, Lady Merthers und ich, sind zusammen geflogen und trafen die anderen im Hotel. Die Herzogin und Alyssia waren einen Tag früher angekommen. Leider konnten sie nicht zur Hochzeit kommen. Ein Todesfall in der Familie, wissen Sie. In Europa nehmen sie diese Dinge so ernst. Aber sie brauchten einfach eine Abwechslung von diesem ewigen Trauern und gönnten sich diese Tage in Hongkong. Wir haben sie ein bißchen aufgemuntert.«

»Und – Sie blieben – wie lange?« Das war wieder Francesca, die versuchte, die Tatsachen – Daten, Zeiten, Schauplätze, Personen – in ihrem Kopf zu ordnen. Wenn hier etwas anlag, dem genauer auf den Grund gegangen werden mußte, dann wollte sie es so schnell wie möglich herausfinden, und am ehesten ging das bei wenigstens einer der Hauptzeuginnen – Hauptbeteiligten, verbesserte sie sich. Alle – ja, alle – waren verdächtig, solange die Beweisführung nicht ihre Unschuld ergab – oder daß es sich gar nicht um Mord handelte.

»Freitag bis Montag. Trudy Shoeburne und Lady Merthers flogen früher nach Perth zurück. Wir anderen sind heute morgen um neun Uhr fünfunddreißig angekommen.«

Sie sah Joe Barnaby und Francesca Miles mit einem Blick voller Selbstgefälligkeit, Triumph, Entsetzen und Verzweiflung an.

»Und hier bin ich nun – kaum war ich in Rose Bay, hörte ich es in den Nachrichten. Danil. Danil, der immer so lebendig und wunderbar war, bis sie – bis sie ihre Klauen in ihn schlug. Danil tot. Tot!«

Sie seufzte und preßte die rechte Hand an ihren ziemlich großen Busen.

Vielleicht um zu zeigen, wo ihr Herz ist, dachte Francesca. Wenn sie eins hat. Dann ertappte sie sich bei diesem offensichtlichen Mangel an Nächstenliebe und zwang sich zu einem mitfühlenderen Gesichtsausdruck. Sie *mußte* Mitleid haben. Schließlich war dies eine ihrer Schwestern – na ja, nicht ganz. Aber jede Frau konnte sich ändern. Keine war unbelehrbar. Unfähig, die Fehler ihrer Lebensweise einzusehen, die Sünden eines früheren, leichtfertigen Lebens wiedergutzumachen. Es hatte schon größere Beispiele von Bekehrung zur Frauenbewegung gegeben, zum echten Wunsch, die Welt zu verändern. Es gab keinen Grund, weswegen Rosa Gleixners Bewußtsein nicht erweitert werden könnte. Natürlich hatte sie ihren Mitschwestern bedenklich den Rücken zugewandt. Sie verschwendete Zeit, Geld und Sendezeit mit den Nichtigkeiten ihres Jet-Set-Lebens (oder des Jet-Set-Lebens, nach dem sie strebte), und all das hätte besser auf dringliche Tagesthemen verwendet werden können – Kinderbetreuung, Körperverletzung in der Familie, Vergewaltigung, sexuelle Belästigung, Lohngleichheit. Aber – alles war möglich. Sogar der Tod von Danil Gleixner und die Notwendigkeit, die Leitung seiner diversen Geschäfte ernsthaft zu übernehmen, könnten den Anstoß geben. Natürlich nur, wenn man ihr die Kontrolle über Eixn Enterprises überließ –

Joe Barnaby unterbrach ihren Gedankengang, indem er sich einschaltete. »Mrs. Gleixner, ich werde ein schriftliches Protokoll über Ihre Aufenthalte anfertigen lassen, und Sie können überprüfen, ob wir alles richtig erfaßt haben. Aber können wir vielleicht noch etwas über die Hintergründe erfahren, damit wir ein vollständiges Bild bekommen.«

Er machte eine Pause, aber es war keine Frage gewesen. Es war Inspektor Barnabys Stil, höflich zu sein – ausgesprochen höflich –, aber alle Informationen einzuholen, die er haben wollte. Man ging einfach davon aus, daß die Leute mitmachten, und die meisten taten das auch. Eine Methode, die er lernte, kaum daß er seinen Polizeidienst angetreten hatte. Man brauchte kein grelles Licht, keine Isolierzellen oder Telefonbücher. Inspektor Joe Barnaby vom CIB jedenfalls brauchte sie nicht. Das war nie sein Stil gewesen. Und es zahlte sich aus. Wenn man aufrichtig zu den Leuten war, dann waren sie es umgekehrt auch.

Er fuhr fort. »Mrs. Gleixner, soviel ich weiß, verbringen Sie viel Zeit in Rose Bay und auch sehr viel Zeit im Ausland. Wissen Sie viel über die geschäftlichen Angelegenheiten Ihres – Ihres verstorbenen Ehemannes?«

»Geschäftliche Angelegenheiten? Geschäftliche Angelegenheiten?« erwiderte sie mit einem vernichtenden Unterton, und in der Aufregung nahm ihre Stimme eine amerikanische Färbung an. »Hören Sie mal, Sie können Gift darauf nehmen, daß ich über ›seine‹ geschäftlichen Angelegenheiten Bescheid weiß. Es war schließlich unser gemeinsames Geschäft. Wir haben es zusammen aufgebaut, aus dem Nichts. Er hat immer gesagt, daß er hier mit zehn Dollar in der Tasche ankam. Ich kann Ihnen verraten, daß fünf von diesen zehn Dollars mir gehörten. Damals war er auch glücklich mit mir und damit, daß wir uns zusammen ein neues Leben aufbauten. Mein Gott! Und es war ein gutes Leben.«

Sie starrte Joe und Francesca herausfordernd an, als wollten diese ihre Worte anzweifeln. Sie schwiegen diskret und hofften, daß sie fortfuhr. Um zu verstehen, was am Morgen in den Skye-Apartments vorgefallen war, mußten sie zuhören, was sie sagte, aber auch auf das achten, was unter ihren Worten durchschimmerte.

»Er war ein leidenschaftlicher Mann. Leidenschaftlich und fleißig. An meinem Danil war nichts auszusetzen – jedenfalls damals nicht. Nicht in den ersten fünf Jahren, vielleicht ein paar Monate mehr oder weniger. Aber dann kam Daniella zur Welt. Und für ihn schien aus ihren Augen die Sonne. Sie wurde das Subjekt seiner Leidenschaft. Natürlich nichts, was ein Vater nicht tun sollte. Nur daß das Geschäft, die Arbeit, sein Leben – er fing an, das alles für sie zu leben, nicht mehr für mich.«

Rosa Gleixners Augen verdunkelten sich wieder. Aber diesmal nicht vor Tränen. Es war der Schleier der Erinnerung, als sie für die beiden Vernehmungsbeamten die früheren Jahre und die Geburt ihres ältesten Kindes wiedererstehen ließ. Dann folgte Tomas, der einzige

Sohn. Eine Enttäuschung für den Vater, der immer noch an den mittelalterlichen Vorstellungen vom ›Erstgeborenen‹ festhielt und der den größten Teil seiner Zeit und seiner Aufmerksamkeit außerhalb des Geschäfts seiner Tochter Daniella widmete. Daniella Ruby Gleixner. Nach ihm benannt und nach seiner Mutter, die zu Hause in Bolivien gestorben war, als er fünf Jahre alt war. Er hatte ein Foto von ihr behalten, eines dieser alten, vergilbenden, sepiafarbenen, steifen Portraits mit Papprücken. ›Daniella sieht ihr jeden Tag ähnlicher‹, sagte er immer, wenn er das Foto aus dem besonderen Fach in seiner Brieftasche nahm und an das Gesicht der Kleinen hielt.

In unregelmäßigen Abständen kehrte die Leidenschaft zwischen den beiden zurück. Aber als er sich immer mehr dem Geschäft widmete und die Import-Export-Firma in eine multinationale Gesellschaft verwandelte, mit Aktien handelte und viel später auch mit Pferden, da kühlte die Leidenschaft ab. Die ganze Zeit über verließ er sich darauf, daß sie, Rosa, die Bücher führte, Anrufe entgegennahm und später die Gastgeberin spielte bei jenen Dinnerpartys, die er für unverzichtbar hielt auf seinem Weg in die Welt der großen und – wie sie befürchtete – unsauberen Geschäfte.

Zehn Jahre nach Daniellas, acht Jahre nach Tomas' Geburt kam die Leidenschaft für kurze Zeit zurück. Das Ergebnis war das Baby der Familie, Mirna. Mirna Joy. Ironie eigentlich. Denn damals, nicht lange nach der Geburt, hatte sie gemerkt, daß er seine Energie nicht nur auf das Geschäft verwendete und seine Leidenschaft nicht nur auf Daniella und ihre eigensinnigen, verwöhnten Marotten. Nein, damals fingen die Affären an. Sie waren kurz, aber nicht minder schmerzhaft für sie. Welche Frau wollte schon glauben, daß sie wie ein alter Schuh abgelegt wurde, wenn es beliebte? Welche Frau hatte schon gerne einen Schwerenöter zum Ehemann, der jüngere Frauen mit seinem Charme entzückte? Vor allem, wenn dieser seidenweiche Charme – wider besseres Wissen – auch für sie seinen Zauber nicht verloren hatte.

Aber sie hatte immer gewußt, daß sie etwas Besonderes für ihn war, die Wichtigste, zu der er immer zurückkommen würde. Zu der er auch wirklich immer zurückgekommen war – bis Elizabeth Prince auftauchte.

Es fiel ihr schwer, diesen Namen auszusprechen. Sie mochte ihn nicht einmal denken. Elizabeth Prince. Es hatte eine Weile gedauert, bis Rosa (oder Sunny, wie auch die Medien sie jetzt nannten, da ihr Name regelmäßig in den Gesellschaftsseiten von mehr und mehr Boulevard- und Sonntagsblättern auftauchte) begriff, daß diese Frau anders war. Wenn sie, Rosa, Danil behalten wollte, dann mußte sie bei dieser Frau wirklich hart darum kämpfen.

Und sie kämpfte, fünf Jahre lang. Vielleicht sogar länger. Vier- bis fünfmal die Woche ging sie in ein Fitneß-Center in Double Bay. Fast jeden Vormittag suchte sie Madame Fuchis Schönheitssalon im Village zur Gesichtspflege auf, jede Woche zur Haarpflege, jede zweite Woche zum Entfernen der Bein- und Achselhaare. Auch die Innenseite ihrer Oberschenkel und die Leistengegend ließ sie mit Wachs behandeln, um die Schamhaare zu entfernen, die sich zwischen ihren Beinen kräuselten. Es gab kaum etwas, das sie nicht tat, um jung zu bleiben. Oder um ihr ehemals jugendliches Aussehen zu bewahren. Aber das Kinderkriegen und die harte Arbeit der ersten Jahre hatten ihre Taille und ihre Oberschenkel dick werden lassen. Sie bekam einen Hängebusen. Sie begann über kosmetische Operationen nachzudenken. Fettabsaugung war in Melbourne der letzte Schrei. Vielleicht sollte sie für ein paar Wochen dorthin fahren. Unter dem Vorwand, daß sie Erholung bräuchte. Sie würde die Zellulitis, die sie im Schönheitssalon ständig an ihren Beinen feststellten, entfernen lassen. Sie würde als neue Frau zurückkehren!

Aber dann berichteten die Zeitungen über Verfahren gegen den behandelnden Spezialisten wegen grober Fahrlässigkeit. Beine – entstellt statt verjüngt. Schnittwunden statt glatter Haut. Sie beschloß, doch nicht in diese Klinik zu gehen. Genau zu dem Zeitpunkt, als Danil sich dazu entschloß. Zu gehen nämlich.

Er ging. Für Elizabeth Prince war das elegante Penthouse auf Skye eingerichtet worden, im protzigsten Apartmenthaus von Sydney. Gebaut von einer der Baugesellschaften, die gerade aus dem Boden schossen, und mit neuem Geld. Fünf Jahre nach Beginn der Affäre, fünf Jahre, in denen er sein Leben damit verbracht hatte, zwischen ihnen beiden hin- und herzurennen, während er die Firma erweiterte, Rennpferde kaufte und im Perth und Melbourne Cup, in Caulfield und auf der Pacific Rennbahn laufen ließ, Geld in Geschäfte steckte und riesige Regierungs- und Privatprojekte übernahm. Die meisten Gebäude im Stadtzentrum beherbergten einen Zweig der Eixn Enterprises. Das gewaltige Hotel-, Einkaufs- und Kongreßzentrum am Martin Place, mit dessen Bau man gerade begonnen hatte, wurde schon von einem klotzigen ›Eixn Import – Export‹-Zeichen gekrönt. Er hatte eine Begabung dafür, anderen Bewerbern, einige sogar aus Übersee, die Aufträge wegzuschnappen. Und er verließ sie. Wegen der dreiunddreißigjährigen Elizabeth Prince.

»Ich hasse sie. Es hätte sie erwischen sollen, nicht ihn.« Rosa Gleixner sprach mit der ihr eigenen Leidenschaft. »Was für ein Recht hatte sie, sich in eine glückliche Familie zu drängen und sie zu zerstören? Was für ein Recht hatte sie, meinen Kindern den Vater zu rauben? Kein Kind sollte erfahren müssen, daß der eigene Vater besessen ist von jemand so – so – Bedeutungslosem.«

Sie suchte nach Worten, die ausdrückten, was sie von der Frau hielt, die sich zwischen sie und Danil Gleixner gedrängt hatte.

Oder ging es Rosa Sunny Gleixner vielmehr darum, daß sie sich zwischen sie und die Eixn Import-Export Enterprises gedrängt hatte, fragten sich Francesca Miles und Joe Barnaby gleichzeitig. Sie mußten sich unbedingt Einblick in das Testament verschaffen, und sie mußten mehr über die derzeitige Finanzsituation der Eixn Enterprises herausfinden. Warum sollte sich der Mann erschießen, wenn er offenbar (wie das Sprichwort sagte) alles hatte, wofür es sich zu leben lohnte: Das Geschäft expandierte, die Rennpferde liefen, die Zahlungsbilanz war positiv – für ihn jedenfalls, die Arbeitskämpfe waren beigelegt (an seinen Piers jedenfalls), die Ehefrau alten Modells eingetauscht gegen eine neue. Warum also? Oder, genauer gesagt, hatte er es überhaupt getan?

Drittes Kapitel

In dem Rosa Gleixners Eltern ihre Tochter unterstützen

Ein Mann, der seine Zeit und sein Geld großzügig darauf verwendet, eine Frau zu erobern, kann der liebenswerteste Mann sein – aber Vorsicht, wenn es nicht sein Geld ist.

Die Straßenbeleuchtung war an, und am Kings Cross herrschte das übliche Gewimmel von Touristen, Taschendieben, Prostituierten und Obdachlosen, als Francesca Miles und Joe Barnaby sich wieder auf den Weg zurück in die Stadt und ins Polizeihauptquartier in der College Street machten. Sie hatten schließlich die Skye-Apartments, Rosa Gleixner und den wieder tadellos sauberen Fitneßraum mit seinen luxuriösen Geräten, der Dusche und dem obligatorischen Whirlpool verlassen. Allerdings erst nachdem Rosas Anwalt seinen Auftritt hatte und ihr empfahl, sich erst mit ihm zu beraten, bevor sie weitere Fragen beantwortete.

»Meine Klientin ist durchaus zur Mitarbeit bereit, Inspektor«, sagte Grant Webster kühl und trat beschützend an Rosas Seite, »aber das Ganze war ein furchtbarer Schock für sie, und ich bringe sie jetzt heim nach Rose Bay. Hier ist meine Visitenkarte. Rufen Sie mich morgen an, und wir werden sicherlich einen passenden Termin für ein Gespräch mit ihr finden.«

Rosa Gleixner war allerdings anderer Ansicht. Den Mund zu halten entsprach nicht ihrer Auffassung von Mitarbeit, und sie platzte los, noch ehe sie sich mit ihrem Anwalt hätte beraten können. »Grant, sag ihnen, daß sie aus meinem Penthouse verschwinden sollen. Ich habe ihnen alles gesagt, was sie wissen wollen. Und jetzt will ich mich auf meinem Bett ausstrecken, vor meinem Fernseher, und ich will nicht gestört werden, solange ich nicht mein Einverständnis dazu gebe. Und das gilt auch für die Medien.«

Sunny hatte ihre Fassung zurückgewonnen. Sie hatte sich von den Tränen erholt, die immer wieder ihren Monolog über das Leben mit, ohne und nach Danil Gleixner zu unterbrechen drohten.

»Ja, Rosa«, beeilte Grant Webster sich zu sagen. (Sie war schon vorher reich gewesen, dachte er, und jetzt war sie noch viel reicher als sein reichster Klient. Und er wollte sie nicht durch eine Unachtsamkeit verlieren.)

»Also, Sie haben gehört, was die Dame gesagt hat. Sie wollen doch sicher nicht, daß ich den Polizeipräsidenten anrufe, oder? Es soll ja nicht gut sein für die Laufbahn, wenn zu viele Klagen kommen, vor allem, wenn sie gleich nach ganz oben gehen, oder?«

Er lächelte und machte eine Bewegung zum Telefon hin, dessen Hörer wegen des ewigen Läutens schon vor einiger Zeit von der Gabel genommen worden war.

Die Medien lagen draußen auf der Lauer, gut ausgerüstet mit Autotelefonen, Mobiltelefonen und (für die weniger gut ausgestatteten) mit der Telefonzelle an der Ecke. (Sie funktionierte sogar, wie etliche Nachrichtenreporter herausgefunden hatten. Gemäß den Geboten ihres Berufes legten die Journalisten eine Beharrlichkeit an den Tag, die man im Keim ersticken mußte. Zumindest, dachte Francesca, solange einem ihre Einblicke nicht nützen konnten. Sie irrten sich häufig, das stimmte, weil sie zuviel auf Gerüchte gaben. Aber es war genausogut möglich, daß die Darstellung dessen, was die Presse für die Fakten hielt (in Kombination mit ihren Spekulationen hinsichtlich Ursache und Wirkung), sie darauf hinwies, wie sie weiter vorgehen konnte. Auf diese Weise brachten sie sie einer Lösung näher, egal vor was für einer Art Rätsel sie gerade stand – oder, in diesem Fall, die Polizei.

Grant Webster hatte offenbar noch nicht viel Erfahrung mit Reportern, obwohl er Rosa Gleixners Anwalt war. Allzu voreilig nahm er den Hörer und legte ihn zurück auf die Gabel. Es läutete sofort. »Ja?« bellte er ins Telefon. »Nein. Nein, sie kann nicht mit Ihnen reden. Nein. Nein, sie wird nicht für die Fotografen herauskommen. Ja. Die Polizei ist immer noch hier. Aber sie kommen gleich raus.« Mit einem heftigen Abschiedsgruß warf er den Hörer auf die Gabel. Sofort klingelte es wieder.

Er hob ab. »Hallo.«

Die anderen hörten, wie die Stimme am anderen Ende nach Sunny Gleixner fragte. »Sie ist für niemanden zu sprechen«, sagte Grant Webster und fuhr sich mit der linken Hand über die jetzt feuchte Stirn. »Nein, und Sie können noch so hartnäckig sein. Sie wird mit Ihnen reden, wenn sie selbst sich dazu bereit erklärt. Und das ist sie jetzt noch nicht. Und rufen Sie nicht nochmal an.«

Inspektor Barnaby trat leise an Websters Seite und drückte heftig auf die Gabel, dann hob er die Hand und nahm den Hörer.

»Legen Sie den Hörer daneben, außer Sie wollen die ganze Nacht so weitermachen», sagte er. »Wir müssen jetzt los. Aber –« Er drehte sich zu Rosa Gleixner um. »Verlassen Sie nicht die Stadt. Keine Ausflüge nach Hongkong oder Paris. Jedenfalls nicht für die nächsten paar Tage. Wir haben noch einiges zu überprüfen, und wir werden das gleiche von allen anderen verlangen, die näher mit Mr. Gleixner zu tun hatten.«

Dann wandte er sich an Grant Webster, der am Kaminsims lehnte und sich nachdenklich im Raum umschaute. »Wissen Sie, wer Danil Gleixners Rechtsanwälte waren? Wir müssen mit ihnen reden, um mehr über die Hintergründe von diesem – diesem – dem Ganzen hier zu erfahren. Und wir bräuchten die Adressen der näheren Angehörigen. Wir müssen sie alle überprüfen. Je eher desto besser.«

»Merthers, Dixon, Sandridge und Sampson«, sagte Webster automatisch. »Sie sitzen im AMP-Gebäude unten am Quay. Siebenundzwanzigstes Stockwerk. Und die Familie – Mirna ist wahrscheinlich noch in Yanchep. Aber Sie könnten es in den Wohnsitzen der Tysons versuchen – Esperance oder Peppermint Grove. Wenn Sie das arme Mädchen wirklich mitten in ihren Flitterwochen stören wollen. Und dann Tomas. Er nennt sich jetzt Tom Eixn. Ich weiß über ihn genauso wenig wie Sie. Und Daniella – nun, sie ist jetzt bei den – wie nennt man sie doch gleich – die Emanzen – die Frauenbewegung. Sie macht mit bei einer Kampagne für ein Frauenhaus am North Shore. Scheint so eine neue Idee zu sein, daß es an derartigen Einrichtungen für die wenigen Wohlhabenden mangelt.«

Er verzog das Gesicht. »Sie haben vor, die Mittelklasse zu revolutionieren oder sowas. Jedenfalls sagte sie das immer, wenn ich versuchte, sie zur Vernunft zu bringen. Was für eine Verschwendung. Vor allem, wo doch Danil immer wollte, daß sie die Firma übernimmt –«

Er verstummte. Er hatte selbst den Rat vergessen, den er Rosa gegeben hatte: zu schweigen, bis die Dinge günstig für sie standen und sie selbst bestimmen konnte, was sie sagte und was sie verschwieg und auch, in welche Richtung die Fragen gingen. Achselzuckend wandte er sich zu ihr um.

»Rosa, was hältst du von einem kleinen Drink? Irgendwo muß es hier doch etwas Brandy geben. Hilft immer bei Schock. Seine medizinische Wirkung ist viel größer als die von diesen Tabletten, die die Ärzte immer verteilen.«

Er warf einen Blick zurück auf Inspektor Barnaby. »Also, auf Wiedersehen. Rufen Sie uns morgen am frühen Nachmittag an. Ich denke, daß Mrs. Gleixner dann in der Lage sein wird, Ihre Fragen zu beantworten. Aber bis dahin – lassen Sie uns bitte in Ruhe, und schließen Sie leise die Tür hinter sich.«

Er deutete eine Verbeugung in Francescas Richtung an. Für ihn war die Unterhaltung eindeutig beendet.

Francesca Miles und Joe Barnaby verabschiedeten sich und gingen zur Tür. Mehr konnten sie an einem Nachmittag und Abend nicht tun. Und es schadete nicht, einen autoritären Typ gelegentlich in dem Glauben zu lassen, er könne der Polizei eins auswischen – oder einer Privatdetektivin. Wenn der wüßte, daß ich eine bin, dachte Francesca.

An der Tür drehte Barnaby sich plötzlich um und zeigte auf den Teil der Wohnung, in dem sich das Schlafzimmer und der Fitneßraum befanden. »Sie können die Räume jetzt ruhig benutzen. Wir haben dort alles erledigt. Für den Augenblick jedenfalls. Und es ist wieder alles sauber.«

Dann wandte er sich etwas freundlicher an Mrs. Gleixner. »Ich kann noch nicht sagen, wann wir die Leiche für die Beerdigung freigeben. Wir werden Sie so bald wie möglich informieren, aber diese Dinge dauern eine Weile. Wir können uns nicht auf einen Termin festlegen, aber uns ist klar, welche für Probleme das in so einem Fall der Familie bereitet. Wir werden das ganz bestimmt nicht vergessen und die Ermittlungen so schnell wie möglich abschließen.«

Er nickte den beiden zu, die dort dicht beieinander vor dem offenen Kamin standen. Francesca hob kurz die Hand und verabschiedete sich ebenfalls.

Sie gingen und mußten sich durch die brodelnde Menge an der Vordertür hindurchkämpfen, die ihnen Mikrophone und Fernsehkameras entgegenhielt. »Göttin, manchmal frage ich mich, wozu das Ganze?« versuchte Francesca den Lärm zu übertönen. »Es ist unmöglich, auch nur eine Ihrer Fragen zu verstehen, oder die von jemand anderem, geschweige denn, sie zu beantworten«, knurrte sie die nächste Journalistin an, die sie mit einer Hand packte und ihr mit der anderen ein Mikrophon unter die Nase hielt.

Hand in Hand schoben sie sich zur Straße durch. Inspektor Barnaby gab dabei einen ›vorläufigen‹ Kommentar ab.

»Ja, es handelt sich bei dem Erschossenen um Danil Gleixner. Bisher konnten wir nichts Verdächtiges feststellen, aber wir müssen unsere Arbeit machen, und die machen wir. Morgen, Punkt zehn, gibt es eine Pressekonferenz im Polizeihauptquartier, um die für die Öffentlichkeit bestimmten Einzelheiten bekanntzugeben.

Bis dahin – kein weiterer Kommentar. Ihr habt damit genug. Das war's. Mehr gibt es nicht, Leute.«

Joe Barnaby winkte kurz zum Abschied und ging weiter Richtung Bordstein zu seinem Wagen. Francesca lief mit gesenktem Kopf voraus.

»Na, was meinst du, Fran? Selbstmord? Mord? Unfall? Hast du seit unserem letzten Gespräch deine Meinung geändert?«

Francesca räkelte sich auf dem Beifahrersitz, entspannt in der angenehm freundschaftlichen Atmosphäre. Sie und Joe kannten sich, seitdem sie einander auf entgegengesetzten Seiten der Front begegnet waren, in den Tagen der Anti-Vietnam-Proteste. Joe Barnaby, damals noch einfacher Polizist, hatte sie ängstlich angestarrt. Wahrscheinlich hatte er Angst, sie würde ihm in die Eier treten, dachte Francesca jetzt und grinste. Hatte sie aber nicht getan. Und er hatte sie nicht verhaftet, wie sie ihrerseits befürchtet hatte. Oh, sie war schon verhaftet worden. Und auch später wieder bei anderen Demonstrationen. Aber damals war die Situation besonders brutal: Polizisten schleiften Frauen an den Haaren über den Boden und grabschten ihnen an den Busen, als sie sie grob in die grünen Minnas stießen. Francesca hatte keine Angst, ihren demonstrierenden Kameradinnen und Kameraden zur Seite zu stehen. Aber sie hatte rasende Kopfschmerzen von einem Schlag, den ein anderer Polizist ihr mit seinem Gummiknüppel zugefügt hatte, und in dem Moment hatte sie das Gefühl, einfach nicht mehr zu können. Sie waren zusammen durch die Menge davongegangen. Als sie jetzt darüber nachdachte, ahnte sie, daß Joe damals seinen Job riskiert hatte: Er war von seinem Posten desertiert und hatte seine Kollegen im Stich gelassen. Nun, eigentlich war es kein Desertieren gewesen, nur eine Atempause unten bei der Treppe zu diesem Restaurant – wie hatte es noch geheißen? Es schien Jahre her zu sein – und das war es auch. Sydney hatte sich verändert. Der Obststand, der in jenem Teil der King Street gestanden hatte, war längst nicht mehr da; Coles war geschlossen und wurde gerade durch ein Eixn-Gebäude ersetzt; Pitt Street war in eine Einkaufspassage umgewandelt worden.

»Na, was sagst du, Fran? Die Ehefrau, die Geliebte oder der Mann selbst?« Joes Stimme unterbrach ihre Gedanken und holte sie in die Gegenwart zurück. Jetzt gab es kein Vietnam. Nur Probleme am Golf. Es gab Nicaragua. Panama. Die Falkland Inseln. Litauen. Lettland. Ost-Timor. Sie seufzte.

»Ich hab' genauso wenig Ahnung wie du, Kumpel«, sagte sie. »Ich würde sagen, so, wie er gefunden wurde, von innen gegen die Tür des Fitneßraums gelehnt, muß es eigentlich Selbstmord sein – außer man führt uns hier die klassische Leiche im verschlossenen Zimmer vor. Gut, mir ist klar, daß es nicht verschlossen war, die Tür war nicht mal ganz zu. Aber das Prinzip ist dasselbe. Wenn es jemand getan hat, wie konnte er dann rein und raus, wenn Gleixner in dieser Lage zurückblieb? Scheinbar unmöglich. Aber andererseits – warum sollte er es selbst tun? Auch wenn ich einige von diesen Senkrechtstartern verstehen kann – stecken zu tief im Schlamassel, alles wächst ihnen über den Kopf. Aber es gab keinerlei Gerüchte über Liquiditätsprobleme bei den Eixn Enterprises. Es gab keine Übernahmeangebote. Keinen Medienkrieg. Keine Anzeichen für krumme Geschäften, jedenfalls nicht krummer als gewöhnlich: Man zahlt, damit die Schiffe mit dem geringstmöglichen Betriebsstillstand entladen werden können. Eine leicht kreative Steuererklärung, nehme ich an. Aber etwas, wofür sich zu sterben lohnte – das scheint mir nicht zu Danil Gleixner zu passen.«

Joe Barnaby stimmte ihr zu. »Du hat recht, Fran. Ich war wie vom Donner gerührt, als ich den Anruf bekam. Ihm hätte ich das von allen als letztem zugetraut. Aber du hast recht. Die Vorgehensweise sieht eindeutig nach Selbstmord aus. Er ging dazu sogar in den Fitneßraum, um den Schweinkram aus den Wohnräumen herauszuhalten. Und um das Saubermachen zu erleichtern. Bis zum Schluß ein rücksichtsvoller Typ, wie es scheint.« Er verstummte und trommelte mit den Fingern auf dem Lenkrad.

Der Wagen hielt direkt hinter Francescas niedrigem Sportwagen.

»Wie sieht es aus, willst du morgen mitkommen? Wenn wir schon angefangen haben, alle Regeln zu brechen, können wir das auch ganz durchziehen.«

Sie sah ihn glücklich an. Göttin! Genau das hatte sie sich gewünscht. Von Anfang bis Ende dabeizusein bei dem Rätsel um Gleixner. Wer weiß, vielleicht war sie diejenige, die es löste, wenn es überhaupt ein Rätsel zu lösen gab.

»Du wirst wohl mit einer Zusage rechnen müssen«, grinste sie. »Willst du als nächstes die Eltern antreten lassen?«

»Fran, Fran, du bist unglaublich. Du liest in mir lesen wie in einem offenen Buch. Wie hast du das erraten?« Er öffnete vorsichtig die Fahrertür, nicht ohne nach hinten zu blicken, ob die Straße auch frei war.

»Ich erinnere mich nur an so eine Geschichte, die ich vor einer Weile gehört habe. Daß ihre Eltern mehr mit seinem Einstieg ins große Geschäft zu tun hatten, als er jemals zugeben wollte. Daß er anfänglich vielleicht ›gekauft‹ wurde. Nichts Schlimmes, nur ein Vater, der gerne dafür sorgte, daß seine Tochter das bekam, was sie haben wollte. Und das etwa fünfundzwanzig Jahre lang – nicht schlecht, zumindest wenn man darauf steht.«

Francesca Miles öffnete die Wagentür und sprang auf den Bürgersteig. Mit einem Unschuldsblick, der sie schon im voraus zum Lachen brachte, rief Joe Barnaby hinter ihr her: »Was genau willst du damit sagen, Fran? Jill und ich halten es bald zehn Jahre miteinander aus. Was ist das eigentlich? Silber-, Gold- oder Kupferhochzeit? Ich kann mir das nicht merken. Aber die Hetero-Realität hat durchaus ihre Vorteile, weißt du.«

Er lachte mit ihr, auch über ihren Gesichtsausdruck. »Ja, ich weiß. Ich weiß. Für mich. Nicht für sie. Zwei Ehen. Meine und ihre. Ehemänner sind die glücklichsten Männer auf der Welt, und ledige Frauen die glücklichsten Menschen. Hab' ich auch schon von gehört – und ich glaub' es dir, ich glaub' es dir.«

Sie standen da, zu beiden Seiten des Wagens, stützten sich auf das Dach und schmunzelten über ihre Gegensätzlichkeit.

»Ich rufe dich morgen an, Joe«, sagte sie. »Arrangier schon mal alles für das Gespräch, und ich komme mit und mache Notizen, stelle die richtigen Fragen, spiele total mit. Wie wär's, wenn wir versuchen, es auf etwa halb zwölf zu legen? Das gibt dir Zeit für die Pressekonferenz, und mir, uns ein paar Hintergrundinformationen zu besorgen.«

Lächelnd sah Barnaby ihr nach, wie sie zu ihrem weißen Wagen ging, einstieg und den Motor aufheulen ließ.

»Wir haben ihm alles gegeben, wirklich alles«, erklärte Constant Gerau und reichte Francesca Miles eine Tasse mit starkem schwarzem Kaffee.

»Als er anfing, hatte er nichts. Gar nichts. Und unsere Rosa – so ein süßes Mädchen. Sie verliebte sich Hals über Kopf in ihn, so daß sie an nichts anderes denken konnte als an ihn. Danil hier und Danil da. Die ganze Zeit nur Danil, Danil, Danil. Schließlich – was sollen Eltern schon tun? Wir gaben nach, natürlich. Erlaubten ihr, ihn zu heiraten. Und gaben ihnen dazu noch eine anständige Mitgift.«

Joe Barnaby und Francesca Miles saßen in bequemen Sesseln mit Blick auf den Golfplatz von Bellevue Hill. Elka und Constant Gerau saßen ihnen gegenüber und starrten sie über den niedrigen Couchtisch hinweg an, auf dem die Kaffeekanne stand, aus der gerade eben der Kaffee für Joe und Francesca eingeschenkt worden war. Hier standen auch die Tassen (die Elka und Constant noch nicht angerührt hatten, so sehr beanspruchte sie das dringende Bedürfnis, diesen Besuchern gegenüber zu rechtfertigen, daß sie ihre Tochter in jeder Hinsicht unterstützt hatten, und wie gemein es von Danil Gleixner gewesen war, sie rauszuwerfen, aber dabei alles zu behalten, was er nur mit Hilfe der frühen Hochzeitsgeschenke aufgebaut hatte) und mehrere Teller, auf denen sich süßes Gebäck mit grellbunter Zuckerglasur türmte. Als Constant Gerau für einen Moment verstummte, machte Elka Gerau ihrer Entrüstung Luft.

»Ja, wir kamen auch aus Mittelamerika. Nicht einen Cent in der Tasche, damals. Nicht mal die zehn Dollar, die Danil Gleixner angeblich hatte. Wir mußten sogar ohne das anfangen, Constant und ich. Mit fünf Kindern. Rosa war die jüngste. Sie war noch so klein – erst acht

Jahre alt, als wir ankamen. Wir haben hart gearbeitet. Wirklich hart. Constant verkaufte Altmetall – Blei, Blech, Kupfer, alles, was er von Baustellen oder bei Abrißarbeiten abstauben konnte. Und ich – ich hab' auf Händen und Knien die Häuser der Reichen in Point Piper geschrubbt. Ich habe gewaschen und gebügelt, damit die Reichen in die Stadt fahren und noch reicher werden konnten. Aber – schließlich haben wir es auch geschafft.«

Constant spürte, daß seine Frau im Augenblick das Ende ihrer Lungenkraft erreicht hatte und machte weiter. »Als sie zwanzig war, ging es uns gut. Wir hatten unser eigenes Haus in Edgecliffe. Kein großes natürlich. Nicht so groß wie dieses, aber unser eigenes. Als es soweit war, zahlten wir bar. Bar. Und die Firma war gewachsen. Ich lieferte Altmetall nach ganz New South Wales. Wir dachten daran zu expandieren, das Geschäft vielleicht nach Wodonga auszudehnen. Aber dann – dann tauchte dieser Danil auf. Ohne Geld. Aber voller Ideen. Und Rosa war verrückt nach ihm. Abends schlich sie sich ständig aus dem Haus, um sich mit ihm zu treffen. Obwohl wir eigentlich wollten, daß sie sich mit Levin, dem Sohn von Mr. und Mrs. Resnik, anfreundete.«

»Ach, und sie war so schön, meine Rosa. So jung und so schön«, sprang Mrs. Gerau ein, als ihr Mann verstummte, um über die Vergangenheit nachzusinnen.

»Sie hätte jeden haben können. Jeden einzelnen Jungen in der Straße. Edgecliffe Road, Watson's Bay, Double Bay, unten in Point Piper, alle waren verrückt nach ihr. Rosa, Rosa, Rosa Gerau ging es die ganze Zeit. In den Häusern, wo ich die Böden geschrubbt und die Hemden gebügelt hatte. In den Straßen, wo Constant früher Altmetall gesammelt hatte. Sie alle umwarben sie. Und sie –

meine Rosa, war sich nicht zu schade für diesen Emporkömmling Danil.«

»Nun«, sagte Constant Gerau, als seine Frau Luft holte, »was sollten wir tun? Sie enterben? Die beiden sich selbst überlassen, damit sie ihr Leben verpfuschen? Oder sie unterstützen, sie aufbauen, so daß Danil ihr das bieten konnte, was sie verdiente?«

»Oh ja.« Das war wieder der andere Teil des Duos. »Wir bauten ihn auf, diesen Danil. Allerdings. Wir gaben ihm tausend Pfund für den Anfang. Er beschäftigte einen Mechaniker und einige Lehrlinge, noch ehe er seine eigene Ausbildung beendet hatte. Wir unterstützten sie, als er bei seinem eigenen Angestellten in die Lehre ging und nichts, aber auch gar nichts verdiente. Wir zahlten die Miete für den ersten Ausstellungsraum, von dem er immer spricht – sprach, als wäre das alles sein eigenes Verdienst. Wir zahlten die Löhne. Wir bezahlten den ersten Wagen, den er importierte. Wir bauten sein Geschäft aus dem Nichts auf.«

»Und Rosa«, ergänzte Constant Gerau, »es war vor allem Rosa, die ihn mit ihrer Liebe und Fürsorge unterstützte. Sie war so krank, so furchtbar krank in diesem ersten Jahr. Kam zwei Monate nach der Hochzeit schon ins Krankenhaus –«

Elka Gerau fuhr dazwischen. »Ja. Sie hatte zu schwer gearbeitet, das war es. Tag und Nacht. Nahm alle Anrufe entgegen, die da kamen. Tom Johnson und Millie Smith und Grace Bawden riefen in einer Tour an. ›Die Zündkerzen zünden nicht‹, ›Ich brauche eine neue Batterie‹, ›Ich verliere ständig Bremsflüssigkeit‹. Und so weiter. Tag und Nacht irgendwelche Notfälle. Oder am Wochenende.

Und immer war es Rosa, die die Aufträge entgegennahm, die das Telefon beantwortete. Sie war sogar noch höflich, wenn sie mitten in der Nacht anriefen, als ob sonstwas davon abhinge, daß sie irgend so eine Spielerei für ihr Auto, die schwer zu beschaffen war, sofort bekamen. Als hätte sowas nicht bis zum Morgen warten können.

Und sie war zwei Wochen im Krankenhaus – vielleicht auch einen Monat. Kaum draußen, arbeitete sie schon wieder in einem fort, um das Geschäft aufzubauen.«

Inspektor Barnaby trank einen großen Schluck heißen Kaffee. Er nahm die Verschlußkappe von seinem Federhalter ab. »Wann haben Sie ihn also zum letzten Mal gesehen, Mr. Gerau, Mrs. Gerau? Danil Gleixner, meine ich.« Fragend blickte er ihnen einzeln ins Gesicht.

Sie zögerten. Fast, aber nicht ganz unmerklich.

»Nun – Elka, es war vor mehr als einem Jahr, nicht wahr?« Constant Gerau suchte die Bestätigung seiner Frau. Jetzt war sie soweit.

»Oh ja, Inspektor. Er war so ein eigensinniger Schwiegersohn. So lieblos, so herzlos. Als er schließlich – schließlich Rosa verließ, als er sagte, er würde nicht zurückkehren, daß die Ehe – die Ehe zu Ende war –«

Ihre Stimme zitterte, und sie kämpfte um Selbstbeherrschung.

»Danil – er hat uns nicht mehr besucht. Machte sich auch nicht die Mühe, anzurufen oder zu schreiben. Brach den Kontakt mit Rosa ab, bis auf einige geschäftliche Angelegenheiten, für die er ihre Einwilligung brauchte. Er hatte unsere Kreise hinter sich gelassen, wollte uns nicht mehr kennen. Uns! Uns, die wir ihm so eine gute Starthilfe gegeben hatten. Ohne uns, ohne Rosa, wo wäre der großartige Danil Gleixner? Und sehen Sie ihn sich jetzt an –«

Sie verstummte, als ihr plötzlich klar wurde, wo er sich jetzt wohl befand – im Leichenschauhaus, auf dem Seziertisch.

»Nun, er versuchte, Rosa aus allem draußenzuhalten. Wollte nicht mit ihr darüber reden, ihr die Firma zu überlassen. Aber ohne sie, ohne uns hätte er die Firma überhaupt nicht gehabt. Zum Schluß war er ganz gerissen, dieser Danil. Ich habe ihm immer mißtraut. Hab' ich nicht immer zu dir gesagt, Constant –«

Francesca Miles und Joe Barnaby sollten nicht erfahren, was Mrs. Gerau immer zu Constant gesagt hatte, zumindest nicht jetzt. Constant Gerau unterbrach sie, indem er den beiden die Arme entgegenstreckte. »Es ist ein Jahr, vielleicht achtzehn Monate her. Als er für immer in die Skye-Apartments zog und zu dieser – zu der anderen. Er schämte sich wahrscheinlich dafür, wie er Rosa behandelt hatte, und uns. Konnte uns nicht ins Gesicht sehen. Schlich nur so in der Stadt herum, ging Elka und mir aus dem Weg. Hatte wohl Angst vor dem, was wir ihm ins Gesicht sagen würden, wenn wir ihn trafen –«

›Auch Angst vor dem, was sie ihm antun könnten?‹ dachte Francesca, als sie ihre noch volle Kaffeetasse auf den Tisch zurückstellte und sich grübelnd in den hart gepolsterten, aber bequemen Sessel zurücklehnte. War dieses alte Ehepaar – oder einer von ihnen – fähig, dem Leben des Schwiegersohnes ein Ende zu bereiten, den sie niemals wirklich gewollt hatten, dem sie zum Einstieg ins Geschäft verholfen hatten und der ihre Tochter schließlich verließ und unglücklich machte?

Würde einer von ihnen schießen – um zu töten?

Als sie später gemeinsam den kurzen, aber sehr steilen und gewundenen Pfad vom Haus zur Bellevue Road entlanggingen, verglichen sie ihre Notizen und diskutierten, ob Elka Gerau und ihr Ehemann so sehr auf der Seite ihrer Tochter standen, daß sie den Mann umbringen würden, der Rosas Geld genommen hatte und sie dann wegen einer jüngeren – viel jüngeren – Frau verließ.

»Ihr Alibi ist nicht besonders gut, was das angeht«, sagte Joe Barnaby. »Jeder bestätigt das des anderen – aber wenn sie beide beteiligt sind oder wenn einer glaubt, der andere hätte es getan, dann zählt das gar nichts.«

»Ich denke, es kommt auf die Pistole an, Joe. Wo sie herstammt. Wem sie gehört. Fingerabdrücke. Und ob überhaupt einer von beiden jemals in dem Penthouse gewesen ist, ehe Rosa und Danil sich trennten? Kommt mir nicht sehr wahrscheinlich vor, daß sie die Zweitwohnung ihres Schwiegersohns und seiner Geliebten aufsuchen würden. Außer, er hatte die Wohnung schon, ehe er was mit Elizabeth Prince anfing. Jedenfalls – wenn sich ihre Fingerabdücke in der Wohnung finden und es keine Erklärung dafür gibt, dann müssen die beiden verdächtig sein.«

Sie öffnete die Tür ihres Wagens und rief Joe über das Dach hinweg zu: »Wie kommt das Labor voran mit der Analyse der Fingerabdrücke und der Fasern vom Tatort? Und was ist mit der Waffe?«

»Ich frag' mal nach, wenn wir zurückkommen«, sagte Barnaby und stieg ein. »Aber was meinst du, wen knöpfen wir uns als nächstes vor, Fran? Freunde und Nachbarn, die ›gute‹ Tochter, den ungeratenen Sohn –«

Francesca stieß heimlich einen Seufzer der Erleichterung aus. Es sah aus, als würde sie bis zum Ende dabeibleiben.

Viertes Kapitel

In dem die gute Tochter spricht

Der Wohlhabende verteilt normalerweise
gerne seine Gaben, also mußt du ihn davon
überzeugen, daß dich sein Geld nicht interessiert,
und ihn gleichzeitig dazu bringen, es dir zu schenken.

»Du, Parkson Ventura läuft heute in Randwick«, sagte Francesca und sah Barnaby über die gelben Pferdesportseiten des *Telegraph Mirror* hinweg an. Joe Barnaby grunzte und sah nicht auf. Mit zwei Fingern tippte er auf einer ramponierten Schreibmaschine, die gewichtig auf einem Tisch links von seinem Schreibtisch stand.

»Ich dachte, das könnte dich interessieren«, beharrte Francesca. Joes Augen konzentrierten sich stärker auf den weißen Bogen vor ihm, als er versuchte, einen Sinn in die ›bisherigen Ergebnisse‹ zu bringen. Er zählte sie im Kopf auf, eine nach der anderen.

Pistole – nicht beweiskräftig: nicht registriert; einfacher 38er Colt, konnte in jedem beliebigen Waffengeschäft gekauft werden. Inspektor Barnaby hatte mehrere Beamte zu den Büchsenmachern der Stadt losgeschickt, um ihre Bücher zu prüfen und ihre Akten durchzusehen. Sie hatten nichts herausgefunden – bis jetzt.

Fingerabdrücke – nur die von Danil Gleixner waren auf der Pistole festgestellt worden; in der ganzen Wohnung fand man Fingerabdrücke von ihm und von, wie Barnaby annahm, Elizabeth Prince (sie stand immer noch unter Beruhigungsmitteln und wurde in Point Piper von der Polizei bewacht; ihre Fingerabdrücke mußten noch genommen und analysiert werden); die Fingerabdrücke des Dienstmädchens waren überall dort, wo man sie vermuten würde, sogar an der Fußleiste, wo sie wahrscheinlich Staub gewischt und zufällig ein oder zwei Daumenabdrücke hinterlassen hatte; mehrere unbekannte Abdrücke (von den Töchtern? dem Sohn? einem gedungenen Mörder? einem unbekannten Fassadenkletterer? oder vom Elektriker?). Aber nirgendwo fanden sich Fingerabdrücke von Rosa Gleixner oder ihren Eltern. Aber das bewies rein gar nichts, überlegte Joe Barnaby: Handschuhe (Baumwolle, Wolle, Gummi oder schnell selbstgemacht aus Haushaltsfolie) stehen allen jederzeit zur Verfügung, lassen sich schnell überstreifen; verhindern Fingerabdrücke auf jeder Oberfläche – auf Türen, Türgriffen, Lichtschaltern, glatten, rauhen, verspiegelten Oberflächen – und auf Pistolen.

Alibis – Rosa Gleixners war nicht der Rede wert: Sie hatte gegen 10.15 am Morgen den Zoll passiert, und es wäre ihr vor der Weiterfahrt in die City ohne weiteres möglich gewesen, eines der Telefone am Flughafen zu benutzen und das Dienstmädchen ins Royal North Shore Krankenhaus zu locken, zu einer Schwester, die gar nicht dort war, die überhaupt nicht in einen Unfall verwickelt gewesen war. Gut, sie war gegen halb zwölf in Rose Bay eingetroffen, wie sie gesagt hatte. Aber seit dem Zeitpunkt hatte niemand sie gesehen (zumindest hatte der Polizei das niemand bezeugt), bis sie in das

Apartment auf Skye gesegelt kam, um Francesca Miles und Joe Barnaby zur Rede zu stellen. Sie hatte dem Dienstmädchen und dem Butler erklärt, daß sie sich hinlegen würde. Sie wollte sich von der Zeitumstellung ausruhen. Sie hätte durchaus schon früher nach Skye fahren können, um dann später mit lautem Aufhebens dorthin zurückzukehren, wenn die Leiche, deren Tod sie herbeigeführt hatte, schon längst nicht mehr dort war.

Suzanne Williams, die Herzogin Aziza und Alyssia waren sehr hilfsbereit gewesen. Sie hatten alle Fragen beantwortet, die man ihnen stellte; sie taten ihr Bestes, um sich an das Wann und Wo zu erinnern, an die Abflugzeiten und die Treffen. Aber alle drei machten nur sehr vage Aussagen dazu, was genau Rosa Gleixner während der Zollabfertigung gemacht hatte. Sie waren gemeinsam zu den Schlangen vor den Schaltern gegangen, wo man den Reisepaß vorzeigen mußte, und dort hatten die Beamten sie zu getrennten Einreiseschaltern geschickt. Rosa war als erste durchgegangen und traf die anderen draußen vor dem Hauptausgang, am Taxistand. Sie hatte dort geduldig auf sie gewartet. Und nein, sagte die Herzogin, nein, sagte Alyssia, nein, sagte die Dame Williams (so der Bericht des Beamten, den man mit dem Verhör der drei beauftragt hatte), Rosa Gleixner war nicht so außer Atem, als ob sie gerade gerannt wäre – ein kleiner Sprint zum Telefon zum Beispiel. Sie war wie immer: groß, dreist und drall, überschwenglich. (Sie hatten nicht ganz diese Worte benutzt; aber der Detektiv verstand, was sie meinten. Und Joe Barnaby auch.) Also – das Ganze konnte etwas bedeuten oder auch nicht.

Wo war er stehengeblieben? Ach ja, *Alibis*: Elizabeth Prince – einer seiner Beamten hatte ihre Schritte überprüft, gemäß den Angaben, die sie am ersten Tag gemacht hatte, ehe man ihr ein Beruhigungsmittel verabreichte und sie in das Privatkrankenhaus auf Point Piper brachte. Diesen Aussagen zufolge verließ sie die Wohnung um neun Uhr zwei Minuten. Fuhr in die Stadt. Parkte vor dem Gebäude von Eixn Enterprises. Ging durch Grace Brothers und Centerpoint, hielt sich etwas bei David Jones auf, im ersten und im zweiten Stock, nahm dann den Fahrstuhl zum obersten Stockwerk. Ja, erwiderte Suzanne Pleasamore, als man sie einem sanften Verhör unterzog, wir trafen uns um halb elf auf eine Tasse Kaffee im Restaurant. Sie räumte ein (genau wie die anderen war auch sie höflich, kooperativ und hilfsbereit), daß es auch fünf nach halb gewesen sein konnte. Ein paar Minuten mehr oder weniger, vor oder nach halb elf. Und auch im Bericht dieses Beamten stand, daß sich direkt draußen vor dem Fahrstuhl, an der Wand neben dem Eingang des Cafés, eine offene Telefonzelle befand (sogar eine ganze Reihe davon). Genau wie Inspektor Barnaby erwartet hatte. Es wäre ein leichtes für Elizabeth Prince gewesen, sich in die Zelle zu stellen, die am weitesten außerhalb des Blickwinkels derer lag, die aus dem Fahrstuhl oder von der Rolltreppe kamen oder schon an einem der Tische saßen, und kurz in den Skye-Apartments anzurufen, mit verstellter, aber unauffälliger Stimme, um das Dienstmädchen auszuschalten. Danil Gleixner konnte zu diesem Zeitpunkt sogar schon tot sein, ermordet, bevor sie aus dem Haus ging.

Joe Barnaby seufzte. Vielleicht würde das Ganze noch offener sein, wenn sie die anderen verhört hatten. Und wer sonst noch mochte Danil Gleixner auf dem Kieker haben? Wer wußte, wen er sich alles zum Feind gemacht hatte (und das hatte er bestimmt) in der Welt seiner Geschäfte: der abgehobenen Welt der Börse mit ihrem Hauen und Stechen, mit dem blutleeren Coup des Wirtschaftspiraten; und der verborgenen Welt, in der er Einfuhrzölle umging oder windige Geschäfte abschloß, heimlich Provisionen einstrich und undurchsichtige Aufträge annahm.

Und die Todeszeit? Wie in einem Fall wie diesem nicht anders zu erwarten, gab es etwas, das nichts mit den glatten Ergebnissen zu tun hatte, die eine Autopsie normalerweise ergab. (Wenn Wissenschaft und Medizin überhaupt präzise Ergebnisse erzielen konnten.) Todeszeit schwer zu ermitteln, sagte Dr. Trembath. ›Er ließ den Heizlüfter an, Joe. Das hat uns irregeführt. Todeszeit? Vielleicht neun Uhr dreißig vormittags. Vielleicht auch zehn Uhr. Oder zwölf Uhr dreißig oder so – kurz bevor man ihn fand. Wenn der Heizlüfter an ist, kann die Technologie nichts dafür.‹

Jemand hatte ihn angelassen.

»Woran denkst du, Joe?« Francesca hatte ihm über die Schulter gesehen und den Bericht gelesen. Sie nahm die Papiere, die von der Spurensicherung geschickt worden waren, und begann sie durchzublättern.

»Los, Joe. Ich will unbedingt sehen, ob sie gewinnt. Parkson Ventura. Sie gehört den Eixn Enterprises – man könnte auch sagen, ein Pferd aus den Gleixner-Ställen. Was hältst du davon, wenn wir zur Rennbahn rausfahren und sehen, ob sie Glück hat?«

»Und es ist Parkson Ventura. Parkson Ventura. Parkson Ventura führt das Feld an. Parkson Ventura führt auf der ganzen Strecke. Parkson Ventura. Parkson Ventura...« Die

Stimme brach ab. Dann: »Nein. Nein.« Die Worte überschlugen sich fast (aber nicht ganz). »Alibi auf der Innenbahn holt auf. Es sind Parkson Ventura und Alibi. Alibi. Alibi kommt durch, und es ist – es ist – es ist – PARKSON VENTURA. PARKSON VENTURA. Ja – ja. PARKSON VENTURA im schnellsten Rennen des Tages. Vielleicht die Rekordzeit für dieses Rennereignis. Ja. Da sind auch schon die Namen auf der Anzeigetafel. Es ist Parkson Ventura – die Nummer 1. Alibi – die Nummer 2. Und Junior Antrobus – die Nummer 3 ... Wirklich – was für ein Rennen. Was – für – ein Rennen. Das wird in die Geschichte eingehen, Leute. Und das Siegergeld geht an – Gleixner – Gleixner? Ja, der Besitzer – lassen Sie mich einen Blick in mein Rennprogramm werfen – die Besitzerin ist die junge Dame persönlich – Mirna Gleixner.«

Der Lautsprecher gab ein Kreischen von sich, und es entstand eine Pause. Aus der Ansagerkabine war ein Durcheinander von Stimmen zu hören, hoch über der Menge. Ein kleiner Teil der Besucher drängte jetzt zu den Auszahlungsschaltern, die anderen zerknüllten verärgert ihre Wettscheine und beugten sich auf ihren Sitzen vor. Sie warteten auf das nächste Rennen, voller Hoffnung, daß sie diesmal auf einen Sieger gesetzt hatten.

»Leute, ich habe nachgesehen, und Parkson Ventura ist eingetragen unter dem Namen von Mirna Gleixner, der jüngeren Tochter des kürzlich verstorbenen Danil Gleixner (möge er in Frieden ruhen).« (Die Zuschauer spürten förmlich, wie Tom Blamey, der Ansager, ehrfürchtig die Hand aufs Herz legte und den Kopf senkte für das, was in Rennkreisen als Schweigeminute galt.)

»Und – sie ist hier mit dem Mann, der eine ehrbare Frau aus ihr gemacht hat, Charlie Tyson aus dem Westen. Also, die Nummer eins ist Parkson Ventura, und sie gehört

Mirna Tyson. Und hier kommt sie. Hier kommt sie und begrüßt Parkson Ventura und den Jockey, Smiley Smithson, auf dem Sattelplatz.«

Die Stimme brach ab, während der Sprecher auf das Bild hinunterblickte, das sich ihm dort unten bot. Der Sonnenschein. Die auffälligen Farben des Jockeys, die im hellen Licht glänzten. Die blaue Schärpe. Rosen. Ein Kuß für das Pferd und ein Küßchen für den Jockey. Charles Tyson war auch dort und genoß noch immer die Erinnerung an den Aufschrei der Menge, an den Jubel, der einsetzte, als Startgewichte und Zeiten bekanntgegeben wurden. Parkson Ventura hatte es geschafft. Sah aus, als hätten sie den Melbourne Cup schon in der Tasche. Charles Tyson wollte nichts vorwegnehmen, aber er wußte, und er hatte es bei der ersten Begegnung mit Mirna Gleixner erkannt, daß seine frischgebackene Ehefrau ein Auge für Pferde hatte. Sie hatte eine gute Wahl getroffen, als sie dieses hier aus dem Rennstall ihres Vaters geholt und in ihrem eigenen untergestellt hatte. Es war das erste einer Reihe von Vollblütern, mit denen sie vorhatte (und er auch), gegen die großen Rennställe im Lande anzutreten und gegen die auf in der ganzen Welt. Charles Tyson erlaubte sich einen Gedankenflug in die Zukunft. Eine Zukunft mit Pferden und Pokalen und Siegesschleifen und Gewinnen. Und Geld. Und das konnte er wahrhaftig dringend gebrauchen –

»Wir sind am Montagmorgen angekommen, wenn Sie es unbedingt wissen müssen.« Es war Charles Tyson, der das sagte. Francesca Miles und Joe Barnaby saßen ihm gegenüber, an einem großen Tisch in einem Privatzimmer, gleich neben der Tribüne der Privatmitglieder. Sie wollten sich nicht die Gelegenheit entgehen lassen, die Flitterwöchnerin Mirna Gleixner Tyson zu verhören, und deshalb hatten sie, mit leichten Schwierigkeiten, einen Raum organisiert, wo man Notizen machen, nicht belauscht werden und das Puzzlespiel durch ein neues Teilchen ergänzen konnte. Charles betrachtete dies als Zumutung und blieb aggressiv; ihm war es egal, daß es einen Mord – oder Selbstmord – aufzuklären gab; es kümmerte ihn nicht, daß die Zeit anderer Leute ebenso wichtig war wie seine, oder vielleicht sogar wichtiger, und ebenso kostbar, oder kostbarer, dachte Barnaby.

»Ja, Mr. Tyson. Vielleicht erlauben Sie Ms. Gleixner – pardon, Mrs. Tyson, die Fragen zu beantworten.« Inspektor Barnaby sprach ruhig, aber bestimmt. Mirna Tyson tat es ihm nach.

»Ja, Charles, laß mich doch einfach für mich selbst sprechen. Ich bin zwar deine Frau, aber du bist nicht mein Aufpasser. Ich liebe dich – aber ich bin deshalb nicht unmündig. Du hast gesehen, daß ich in der Lage war, im letzten Rennen den Sieger laufen zu lassen, und ich bin durchaus auch in der Lage, alle Fragen zu beantworten, die dieser Sergeant und seine Untergebene mir stellen wollen.«

»Inspektor. Inspektor Barnaby, und das ist meine Assistentin.« Inspektor Barnaby hatte sich und Francesca Miles schon vorgestellt. Er tat es noch einmal, unbeirrt von der leicht herrischen Art der jungen Frau, und fuhr dann fort: »Und wo wohnen Sie seitdem?«

»Intercontinental«, sagte Charles Tyson, noch immer streitsüchtig.

Mirna sah ihn kaum an. »Wir wohnen seit Montag im Intercontinental, Inspektor. (Barnaby stellte fest, daß sie sich dazu durchgerungen hatte, ihn mit seinem richtigen

Titel anzureden. Er fragte sich, wie sie wohl Francesca anreden würde. Oder ob sie überhaupt das Wort an sie richten würde.)

»Und was haben Sie seitdem unternommen?« Fragend senkte er leicht den Kopf.

Sie rasselte es herunter wie auswendig gelernt. Charles Tyson saß leicht vorgebeugt dabei, als ob er jedes ihrer Worte belauerte, sie durch seine Willenskraft zwang, das Richtige zu sagen. (›Alles in allem ein komischer Typ‹, dachte Francesca. ›Irgendwas Seltsames läuft hier ab.‹ Schwer zu sagen, ob es etwas mit dem Geheimnis des verschlossenen Fitneßraums zu tun hatte, wie sie und Joe den Fall jetzt nannten, als eine Art Codewort unter Kollegen. ›Aber man sollte ihn im Auge behalten‹, sagte sie später zu Joe. ›Er führt nichts Gutes im Schilde. Was genau – das können wir beide auch noch herausfinden – vielleicht sind wir schon dabei.« Barnaby gratulierte sich noch einmal dazu, daß er Francesca in diese Untersuchung eingeschaltet hatte. Es wäre gut, diesen Charles wieder auf den Boden der Tatsachen zu holen. Man wollte ihm ja nicht seine Flitterwochen verderben, aber es sah allmählich so aus, als hätte Charles das schon selbst getan – oder als hätte er Angst, daß die ihm seit einer Woche Angetraute es für ihn erledigte.)

»Nun, Inspektor«, sagte Mirna kokett und senkte leicht den Kopf, ihre Wangen röteten sich. »Ich glaube – ich meine – wir sind die letzten beiden Tage meistens drinnen geblieben. In unserer Suite. Wir kamen gegen halb fünf nachmittags an und aßen gegen neun Uhr zu Abend, allein. Am Dienstag sind wir lange im Bett geblieben. Der Zimmerservice kam etwa um halb eins – oder um eins. Nur Erdbeeren. Und Brie und Camembert.«

Sie redete sehr schnell.

»Wir – kamen zum Nachmittagstee herunter. – Und dann sind wir am Quay spazierengegangen. Bis hoch zur Oper, dann den Domain Path entlang. Wir sind ganz bis zur Kunstgalerie von Mrs. Macquarie's Chair gegangen.«

»Zum Abendessen gingen wir in eines dieser Restaurants zwischen Williams Street und Oxford Street«, mischte sich Charles Tyson ein, um sich wieder bemerkbar zu machen.

Francesca Miles beobachtete die beiden genau, behielt dabei aber einen abwesenden Gesichtsausdruck bei. »Und Sie haben nicht mal kurz bei Ihrem Vater hereingeschaut?« Sie feuerte diese Frage direkt in Mirnas Richtung ab, die sie mit weit aufgerissenen Augen anstarrte.

»Nein, nein, das haben wir nicht. Daddy – Daddy war sowieso gerade erst aus Perth zurück. Er kam natürlich zur Hochzeit, und er blieb noch etwas, irgendwelche Geschäfte. Wenigstens – so habe ich es – haben wir es verstanden.«

Ehe sie fortfahren konnte, drängte sich Charles Tyson wieder in das Gespräch. »Was genau wollen Sie damit sagen?« fragte er und starrte Francesca an. Sein Gesicht war rot angelaufen, und die Adern auf seiner Stirn traten leicht hervor.

»Mirna hat sich ihrem Vater gegenüber immer anständig benommen. Sie war gut zu ihm. Sie tat immer, was er sagte. Wenigstens – bis sie beschloß, mich zu heiraten. Und das war, nachdem sie sich jahrelang bemüht hatte, es ihm recht zu machen. Aber es war nie genug. Immer nur Daniella. Egal was sie tat, es war richtig. Dieser Tomas – er hat es nie versucht, und man sieht ja, wozu er es gebracht hat – ein betrunkener Strolch, der den Namen seines Vaters bei jeder Gelegenheit in den Dreck zieht.

Und was Mirna betrifft – Mirna, mein Liebling, du hast es versucht. Aber nichts war gut genug.«

Er machte eine Pause, und die Streitlust kehrte in seine Stimme zurück. »Und Mirna liebte ihn. Sie liebte ihren Vater – obwohl –« seine Worte überschlugen sich fast, »obwohl er es nicht verdiente. Selbstsüchtiges Schwein.«

»Charles.« In dem kurzen Schweigen klang Mirnas Stimme fast schroff. »Charles. Du weißt, daß er ein – ein großzügiger Mensch war. Es war nur, daß er – er hatte so viel zu tun, als ich zur Welt kam. Er hatte keine Zeit für mich, aber nicht, weil er selbstsüchtig war. Er mußte die Firma aufbauen.«

Ihre Stimme wurde allmählich leiser, als ob die Erinnerung an die Vergangenheit sich mit der Gegenwart vermischte.

»Ach, laß gut sein, Mirna.« Charles Tyson hatte offenbar seinen Vorsatz aufgegeben, diskret und beherrscht zu sein. Sein Vorhaben, Mirna vor einem neugierigen Polizei-Inspektor und seiner Begleitung zu beschützen, hatte sich in der Hitze des Gefechts im Nichts aufgelöst. Diese Kontroverse schien die beiden Hochzeitsreisenden schon länger zu beschäftigen.

»Du weißt genau, daß er sich nur für sich selbst interessierte. Und für Daniella. Wenn er sich überhaupt für jemand anderen interessierte, dann für sie. Du weißt das. Gott, ich mußte mir dein Gejammer darüber schon oft genug anhören.«

Ihm schien nicht klar zu sein, wie sehr er aus der Rolle des glücklichen jungen Flitterwöchners gefallen war, der seine schöne, junge (und schutzlose) Ehefrau über alles liebt. Charles wandte sich Barnaby zu, und die Worte brachen förmlich aus ihm heraus: »Sie wissen ja, wie diese Lateinamerikaner sind. Alles für das erstgeborene

Kind. Für die anderen bleibt nichts übrig. Schlimm genug für Tomas. Er war der erstgeborene Sohn, aber er kam einfach zu kurz bei all der Herrlichkeit, mit der Daniella überhäuft wurde. Gott! Der Mann dachte, aus ihrem Hintern schiene die Sonne.«

Er neigte den Kopf zu seiner Frau, die blaß geworden war – vor Angst oder Selbstmitleid, da war sich Francesca Miles nicht sicher.

»Und du, mein Liebling, die letzte von den dreien. Du hattest gar keine Chance. Nicht die Spur einer Chance, zum Teufel.«

»Charles.« Mirnas Stimme war schrill. »Das – das stimmt einfach nicht. Du weißt, daß er mich geliebt hat. Er hat mir Parkson Ventura zur Hochzeit geschenkt. Du weißt, daß sie sein kostbarster Besitz war. Er hätte sie mir – uns – nicht geschenkt, wenn wir ihm egal gewesen wären.«

Sie wandte sich Francesca Miles zu, als spürte sie, daß eine Frau sie verstehen, eher auf ihrer Seite sein würde. »Sie müssen verstehen, daß mein Vater – mein Vater war so angespannt in seiner Firma. Er hatte nicht viel Zeit für uns Kinder. Er mußte – er mußte unseren Lebensunterhalt verdienen. Er mußte die Geschäfte in Gang halten. Er tat das alles für uns – für seine Familie.«

Charles Tyson hatte angefangen, heftig zu trinken. Er hob das Glas, leerte es, stellte es vor sich hin und füllte es wieder aus der Champagnerflasche, die zu seiner Linken stand. »Hören Sie mal, Inspektor«, unterbrach er. Er kehrte zu seiner früheren Rolle zurück, seine Frau vor dem Polizeiverhör zu beschützen. »Was sollen all diese Fragen? Wir haben Ihnen alles erzählt, was wir wissen. Und wenn Sie sich wundern, daß wir hier draußen sind, daß wir die Trophäe entgegennehmen, so kurz nach seinem

Tod – dem Tod von Mirnas Vater – nun – genau so hätte er es sich gewünscht, nicht wahr, Mirna?«

Er fuhr fort, ohne ihre Antwort abzuwarten.

»Sie müssen doch von ihm gehört haben, Inspektor. Danil Gleixner hat ein flottes Leben geführt. Nichts konnte ihn aufhalten – bis jetzt. Und er hätte nicht gewollt, daß seine Kinder bei seinem Abgang schluchzend im Abseits stehen. Das wäre wohl das letzte, was er sich vorgestellt hätte.«

Mirna nickte leicht. Wenigstens in diesem Punkt war sie mit Charles einer Meinung. Tyson redete eilig weiter: »Und – und Mirna wäre die letzte, die ihm schaden würde. Wieso auch, es gab für sie nichts zu holen.« Er machte eine Pause. »Sie wissen bestimmt, daß er meinte, ich wäre hinter seinem Geld her. Er dachte, daß ich sie deswegen heiraten wollte. Jeder wußte es. Die Klatschkolumnisten kreischten es förmlich von den Dächern.«

Als Mirna scharf die Luft einzog, wurde er für einen Moment abgelenkt. »Ach, komm, Mirna.« Der barsche Ton war wieder da. »Er dachte, ich sei so eine Art männlicher Vamp. Was immer das heißen mag. Ein Gigolo, schätze ich. Obwohl ich weiß Gott sein Geld nicht brauche – nicht brauchte. Auch nicht seine Zeit oder seine Unterstützung. Sie müssen wissen, Inspektor –« Voll kindlichem Stolz blies Tyson die Backen auf. »Wir haben den größten Besitz in ganz West-Australien. Vielleicht sogar in ganz Australien. Die Kidsons in Queensland sind Habenichtse im Vergleich zu uns. Jedenfalls bin ich nicht von einem Danil Gleixner abhängig, in absolut keiner Hinsicht.«

Er zögerte. Die Röte, die sein Gesicht überzog, breitete sich jetzt auch auf seinem Hals aus und schien seine Stimmbänder zu beeinträchtigen. Barnaby und Francesca

Miles blieben ruhig sitzen und warteten, daß die Tirade zu Ende ging, achteten darauf, ob irgendwelche Aussagen etwas verrieten, nicht nur über Charles Tyson und Danil Gleixner, sondern über das ganze Mord-Selbstmord-Rätsel, das noch zu lösen blieb.

»Er interessierte sich nicht für Schafe und Weizen – na und? Wir sind es, die Australien zu dem gemacht haben, was es jetzt ist. Nicht diese Emporkömmlinge aus Asien und Mittelamerika, die immer glauben, sie täten wer weiß was für dieses Land. Ich sage Ihnen, Inspektor, und Ihnen –« Er sah Francesca an, um ihr mit dem gleichen Eifer seine Überlegungen darzutun. »Es sind die Farmer, die dieses Land großgemacht haben. Der Weizen und die Schafe, und das Vieh. Das ist es, was Australien hochgebracht hat, und das ist, was Australien stark macht und dort hält, wo es ist – an der Spitze der Weltmärkte. Eine Weltmacht. Das werden wir sein. Und das hat man nur uns zu verdanken. Uns, den Farmern. Denjenigen, die Tag und Nacht gearbeitet haben. Aber das verstehen die kleinen Leute dieser Welt nicht – die Händler, die Mechaniker, die Zimmerleute, die kleinen Leute.«

Charles Tyson hatte sich zu einer Rede aufgeschwungen, die er offensichtlich schon öfter und vor anderem Publikum gehalten hatte. Mirna jedenfalls hatte sie hundertprozentig schon gehört. Sie streckte eine Hand aus und legte sie ihm besänftigend auf den Arm. Mit der anderen Hand entfernte sie die Champagnerflasche aus seiner Reichweite und schob sie zu Francesca hin, die ihr gegenüber saß, rechts von Charles. (Die Geste war so gut wie sinnlos, bemerkte Francesca: die Flasche war beinahe leer.) »Charles –«

»Schon gut, Mirna. Ich weiß, du findest, daß er wunderbar ist – wunderbar war. Aber er hat dir nichts gegeben, nichts. Was hat er denn gesagt, als du damals in unseren Familienbetrieb investieren wolltest? Daß Australien mit der Zeit gehen müsse. Daß die Agrarindustrie am Boden sei. Am Boden. Ich bitte dich. Was wußte er denn schon davon? Hat wahrscheinlich nie in seinem Leben ein Räudebad gesehen. Hatte ums Verrecken keine Ahnung von der ganzen Sache.«

Er verstummte, plötzlich ernüchtert.

»Egal, Mirna. Er ist nicht mehr da. Und wir haben Parkson Ventura.«

Er sah seine Frau an, die sehr still geworden war. »Viel mehr wahrscheinlich auch nicht, wenn ich deinen Vater richtig einschätze. Wir brauchen gar nicht erst hinzugehen, wenn das Testament verlesen wird.« Seine Worte wurden immer undeutlicher. Er wollte nach der Flasche greifen und griff ins Leere. »Ich wette, er hat alles Daniella vermacht. Auch wenn sie in letzter Zeit ein bißchen abgedreht ist.«

Er nickte Francesca Miles weise zu und blickte auch Joe Barnaby bedeutsam an.

»Jawohl. Ich garantiere Ihnen, es gab nichts, wofür Mirna ihn hätte umbringen können, wenn Sie das meinen. Wenn wir – wenn sie irgend etwas davon hat, daß sie vierundzwanzig Jahre lang Danil Gleixners Tochter war, dann höchstens durch Parkson Ventura.«

Charles Tyson legte schlaff den Arm um Mirna Gleixner Tysons Schulter. »Sie hat ihn geliebt. Sie war gut zu ihm. Und was hat sie davon? Parkson Ventura.«

Mit einem beinahe höhnischen Grinsen sah er seiner frischgebackenen Ehefrau ins Gesicht. »Kein schlechtes Geschäft, wenn man darüber nachdenkt.«

Er wandte sich wieder den anderen zu: »Und sie brauchte ihn nicht umzubringen, um das Pferd zu kriegen.

Er hat es ihr am Tag vor der Hochzeit überschrieben. Und damit gehört uns der nächste Sieger des Melbourne Cup.«

Fünftes Kapitel

In dem Danil Gleixners Geschäfte besprochen werden

Der Mann führt seine Kriege unter dreister Mißachtung der
geschriebenen Gesetze des zivilisierten Kampfes.
Er erobert die Festung oder stürmt die Zitadelle,
nur um sie zu verlassen und den nächsten Schaden anzurichten.

»Joe! Da bilde ich mir ein, mich mit den Dingen des Lebens auszukennen, und dabei weiß ich nicht mal die Hälfte, jedenfalls, wenn dieser Ordner hier etwas damit zu tun hat.« Francesca Miles schwenkte einen überquellenden Aktenordner in Joe Barnabys Richtung.

Mit dem freundlichen Winken, das sich aus der Kameradschaft von Frauen ergibt und aus der gegenseitigen Anerkennung von Angestellten, die ihre Arbeit mögen, war sie an Jill Maddicks vorbeigegangen, der Empfangsdame, die sich schon an ihre regelmäßigen Besuche gewöhnt hatte. Den ganzen Donnerstagnachmittag hatte sie in den Büros des *Sydney Morning Herald* am Broadway zugebracht. Eine freundliche Bibliothekarin ist immer hilfreich, und sie und Madge Armytage, Hauptbibliothekarin beim *Herald*, mochten und respektierten einander. Ihre Freundschaft reichte bis in Francescas Schultage zurück, als Madge die Schulbücherei leitete.

Sie hielt sie oft länger geöffnet, um sich am Nachmittag um Francesca und ein paar andere Kinder kümmern zu können. Das war durchaus notwendig, weil ihre Mütter Berufe hatten, die sie daran hinderten, am Ende des Schultages ›zu Hause‹ zu sein. Francesca verschlang die Bücher regelrecht, zur Freude ihrer Mutter wie auch von Madge Armytage. Und es war Madge gewesen, von der sie die Liebe zum Kino mitbekommen hatte.

Francesca Miles knallte den Ordner auf Joe Barnabys Schreibtisch und zog sich einen Stuhl heran.

»Sieh dir das an. Es reicht zurück bis zu den bescheidenen Anfängen, von denen wir gehört haben. Die Geschichte mit den zehn Dollar in der Tasche – oder vielmehr den zehn Pfund. Hier und da ein bißchen Schmutz: ein paarmal wurde er geschnappt, weil er zu schnell gefahren war oder mehr als 0,5 Promille hatte und versuchte, sich mit Geld freizukaufen.«

Sie hielt inne.

»Aber das war, bevor er ›ehrbar‹ wurde, bevor er Regierungs- und Geschäftsempfänge besuchte. Bevor ihm Präsidenten und Premierminister und Minister für Handel und Wirtschaft auf den Rücken klopften und aller Welt verkündeten, welches Glück es für Australien bedeutete, ihn zu haben, den unerschrockenen Geschäftsmann, der den Aufschwung eingeleitet und Australien den Weg in eine wirtschaftliche Erholungsphase gewiesen hatte.«

Sie hatte die Zeitungsausschnitte durchgeblättert und sah ihn jetzt zynisch an. »Natürlich haben sie versäumt, zuzugeben, daß Danil Gleixner und seinesgleichen das Land überhaupt erst in diese prekäre wirtschaftliche Lage gebracht hatten, indem sie sich aufführten wie Wirtschaftscowboys, im Ausland Kredite aufnahmen, die sie selbst nichts kosteten, aber die staatlichen Auslandsschulden erhöhten, die von dir und mir – und der Frau, die mit dem bißchen Erziehungsgeld auskommen muß – bezahlt werden müssen. Und das haben nicht nur die Politiker nicht gesehen. Die Medien waren auch nicht besser und haben diese Typen zu Helden gemacht.«

Joe Barnaby nickte. »Gut Fran, unter diesen Umständen können wir die Akte auch gleich schließen und uns bei dem Täter bedanken, ob er es nun selbst war oder jemand anders. Wir sprechen ihm unsere Anerkennung aus und machen dann weiter und klären die Todesfälle auf, die wirklich wichtig sind.«

»Joe, du hast recht!« Sie grinste. »Aber ernsthaft, es gibt wirklich Todesfälle, die viel wichtiger sind, und darauf sollte die Polizei ihre Kräfte verwenden – die Frauen und Kinder –«

Er unterbrach sie. »Richtig. Richtig, Fran. Aber meistens wissen wir in solchen Fällen, wer es getan hat: der Ehemann, der Vater. Manchmal die Ehefrau. Oder die Mutter. Im Regelfall nach jahrelanger Mißhandlung. Vergewaltigung. Sexualvergehen an Kindern, und sie kommt dahinter, gerät außer sich und tötet ihn. Das CIB oder die Mordkommission können in solchen Fällen nicht viel tun außer verhaften und anklagen.«

Er machte eine Pause und nahm einen Schluck von dem Kaffee, den er sich aus der Kaffemaschine eingegossen hatte, die hinter ihm auf der Fensterbank stand. Er sah sie fragend an. Als sie den Kopf schüttelte, fuhr er fort.

»Und außerdem bist du genauso neugierig wie ich. Du willst auch wissen, was passiert ist. Selbstmord. Mord. Wie in einem richtigen Krimi.«

Wortlos stimmte sie ihm zu, zog eine Seite aus dem Ordner und tippte mit dem Finger darauf. »Hier drin findet sich einiges, wofür der Mann gestorben sein könnte«, sagte sie. »Nicht eingehaltene Geschäftsabsprachen, ›Sonderabsprachen‹ mit den Stadtvätern, so daß ihm der Boden unter den Füssen weggezogen wurde, wenn ein Ratsmitglied kalte Füße bekam. Hier wird beschrieben, wie Gleixner ›Rückzahlungen‹ für Geschäfte vornahm, die schiefgegangen waren. Wie Gleixner jemanden ›überzeugte‹, wenn vorher Geld den Besitzer gewechselt hatte, damit der Stadtrat schnell einwilligte.«

»Aber das waren immer Andeutungen und Gerüchte, Fran.« Inspektor Barnaby verzog das Gesicht. »Es gab nichts Konkretes. Wenn es darum ging, wirklich mit der Polizei zu reden – mit uns –, brachten die Leute keinen Piep mehr heraus. Den Journalisten haben sie alle möglichen Geschichten als wahr verkauft. Nannten ihnen die ›zuverlässige Quelle‹ (oder gleich zwei oder drei). Aber wenn es soweit war, vor Gericht aussagen zu müssen, einen Eid auf die Bibel leisten zu müssen, dann sah die Sache ganz anders aus.«

»Ja«, sagte Francesca kurz. »Aber sieh dir das an. Bei dieser Sache hier haben sie ihn wirklich vor Gericht gebracht. Nein – nichts Kriminelles, aber zumindest wurden seine Geschäftspraktiken vor der ganzen Welt offengelegt.«

Joe Barnaby ließ seinen Blick über die Zeitungsspalten gleiten. Der Artikel berichtete davon, wie die Pächter von Samuel D. Roast 'n Ribs beim obersten Gerichtshof von New South Wales gegen Gleixner vorgegangen waren. Die Kette war ungefähr zehn Jahre vor der Gerichtsverhandlung gegründet worden, von einem amerikanischen Unternehmer, der das Ganze als eine Art ›Familienbetrieb‹ aufgebaut hatte. Die Pächter waren in der Regel Ehemann und Ehefrau, die kürzlich in den Ruhestand getreten waren und eine große Summe aus der Pensionskasse erhalten hatten. Sie suchten also ein Projekt, in das sie sich einkaufen und in dem sie noch etwa zehn Jahre arbeiten konnten, ehe sie an die Goldküste zogen oder nach Batemans Bay oder wohin immer die Rentner gerade gerne zogen, um Golf zu spielen, zu faulenzen, lange (oder kurze) Spaziergänge zu machen, zu lesen oder zu klönen, ein Ort, wo man Tee oder Kaffee (manchmal auch Weinbrand, Scotch oder Bier) trinken und in Erinnerungen schwelgen konnte.

Im Gegensatz zu dem, was als normales amerikanisches Geschäftsgebaren galt, hatte der Unternehmer Samuel D. Straughen nicht versucht, den Pächtern mit allen möglichen Tricks jeden Dollar aus der Tasche zu ziehen. Obwohl die Vereinbarung vorsah, daß sie den Namen Samuel D. Roast 'n Ribs pachteten, außerdem das Gebäude, in dem der Laden geführt wurde, das Ansehen, das sich aus dem Geschäftszweig und der Qualität des Fastfood-Produkts ergab, erkannten die Pächter und Samuel D. Straughen an, daß die Pacht am Ende der Pachtzeit automatisch erneuert wurde (außer bei unverschämtem oder geschäftsschädigendem Verhalten, was aber noch nie vorgekommen war, nicht bei Samuel D. Roast 'n Ribs), und wenn die Eheleute sich endgültig zur Ruhe setzen wollten, konnten sie die Pacht an das nächste Ehepaar ›weiterverkaufen‹. Dieses Ehepaar mußte von Samuel D. akzeptiert werden, aber damit hatte es nie Probleme gegeben: Diese Vereinbarung funktionierte von Anfang an, ohne daß jemals eine Einwilligung verweigert wurde. (Wahrscheinlich hatte sich zwischen den Geschäftspartnern Vertrauen entwickelt, und die Pächter waren stolz auf das Produkt und wollten, daß das Geschäft auch nach ihnen in der gleichen Tradition weitergeführt wurde, als Teil des großartigen Teams von Samuel D. Straughen.)

Samuel D. kam regelmäßig, um seine Läden in Australien zu besichtigen; er suchte jeden einzelnen auf und zeigte großes Interesse an der Ausstattung, den Kunden, der Dekoration und dem Umsatz. Ehepaare, die weggezogen waren, wurden regelmäßig zu den jährlichen Zusammenkünften eingeladen, die von Samuel D. Straughens Geschäftsleitung in Australien organisiert wurden. Sie waren alle Teil einer großen glücklichen Familie.

Bis Samuel D. starb. Und Samuel D. Roast 'n Ribs verkauft wurde. An einen Zweig der Eixn Enterprises.

Es schien, als sei Danil Gleixner nicht sehr für die Idee der ›großen glücklichen Familie‹ zu haben gewesen. Zumindest nicht, wenn es ums Geschäft ging. Er hatte blitzschnell die Vereinbarung aufgekündigt, daß die Pacht automatisch erneuert oder ›weiterverkauft‹ werden konnte.

Die Pächter waren von der Nachricht beunruhigt, die mit jeder Pachterneuerung allmählich durchsickerte. Einzelne Ehepaare wandten sich an Danil Gleixner und erbaten eine Sonderregelung. Sie forderten, daß er die Abmachung einhielt, die sie mit Samuel D. getroffen hatten. Sie baten ihn, sich anzuhören, aus welchen Gründen sie zu den alten Geschäftsbedingungen weiterarbeiten wollten, anstatt sich den Vorschriften des neuen Regimes zu unterwerfen.

Zu ersuchen war vergeblich. Zu fordern war schlimmer: Danil Gleixner stellte sich taub gegen Forderungen. Und wenn er sich nicht taub stellte, steigerte sich seine Wut ins Unermeßliche – Wut über die Dreistigkeit derjenigen, die er als Speichellecker bezeichnete, unbedeutend in der Befehlskette der Gleixners, vollkommen unwichtig für den beständigen Ausbau des Gleixner-Vermögens, wertlos, wenn es darum ging, die Macht der Eixn Enterprises (und des Danil Gleixner) zu vergrößern. Wenn es jemandem gelang, an den Reihen von Sekretärinnen und Abteilungsleitern vorbeizukommen, die ihn von denen abschirmten, mit denen er nichts zu tun haben wollte, dann empfing er sie mit einer Schmährede, überschüttete sie mit Beleidigungen.

Tom Robards war einer, der sich bis zu ihm durchkämpfte: Er wartete jeden Tag vor seinen Büros und überließ den Laden Jen Robards, seiner Frau (ihre drei Kinder halfen ihr, soweit es Schule und Universität erlaubten). Er war verzweifelt, und sie war es auch. Die Kinder wußten, wieviel es den Eltern bedeutete. Jeder Penny, den sie hatten, wurde in die Pacht für ihr Samuel D. Roast 'n Ribs gesteckt. Wenn sie den Laden verloren, verloren sie jede Aussicht auf einen gesicherten Ruhestand in Coffs Harbour, einen Ruhestand, den sie schon seit langer Zeit planten. Sie hatten dort ihre Flitterwochen verbracht, hatten faul am Strand gelegen und Bananen und Kiwis gegessen, die in den fast bis ans Ufer reichenden Plantagen angebaut wurden.

Als einzige Belohnung für sein Wachehalten durfte Tom Robards mit Danil Gleixner um die Wette brüllen, worauf dieser eilig in seinem großen weißen Mercedes entschwand. Für Robards kam ein Herzanfall dabei heraus, der erste von zweien, die ihn ernstlich daran hinderten, in dem Laden zu arbeiten, den er und Jen seit acht Jahren (und einer Pachterneuerung) zu ihrem Lebensinhalt gemacht hatten. Herzanfälle, die seine Gesundheit beeinträchtigten, seine frühere Meisterschaft in Golf und Tennis fast zunichte machten. (Gut, er war nicht gerade wie ein Neunzehnjähriger über den Tennisplatz gerannt, aber er konnte mit gleichaltrigen Freunden mithalten, auch mit denen, die zehn Jahre jünger waren als er. Nichts davon blieb ›nach Gleixner‹, wie die Familie inzwischen zu sagen pflegte.)

Nach Gleixner begann Tom Robards, Bettelbriefe zu schreiben. Genau wie das Ersuchen und das Fordern prallte auch das Betteln wie an einer Ziegelmauer ab. Unberührt von dem Flehen machte Danil Gleixner wie geplant damit weiter, die Pachtverträge aufzulösen.

Als diese Information zunächst innerhalb des Staates, dann von einem Staat zum anderen durchsickerte, taten die Pächter sich zusammen. Tom Robards stellte sich an ihre Spitze und organisierte eine ›Anti-Gleixner‹-Gruppe. Ein Kampf-Fonds wurde eingerichtet. Bei dem Gedanken, alles zu verlieren, spendeten die Pächter, was sie nur konnten. Ihnen war klar, daß ihnen ein paar Dollars mehr kaum nützen würden, wenn sie den Kampf verloren. Wenn das, was sie hatten, helfen konnte, Gleixner zu schlagen, dann war es ihnen recht. Wenn sie untergingen, dann nicht aus Mangel an Mut.

Versammlungen wurden abgehalten. Strategien wurden diskutiert und wieder verworfen. Sie holten juristischen Rat ein. Und so wurde Klage gegen Eixn Enterprises erhoben, die sich auf das Prinzip von Gewohnheitsrecht und Geschäftspraxis stützte: Samuel D. Straughen hatte Pachtverträge ›verkauft‹ unter der Voraussetzung, daß sie erneuert werden würden und daß man sie weiterverkaufen konnte. Auf dieser Grundlage, so die Beweisführung, habe Danil Gleixner das Unternehmen gekauft, wie immer die formellen Bestimmungen der einzelnen Pachtverträge aussehen mochten. Die Klage begann ihren langen, umständlichen Weg durch die Instanzen.

In der Zwischenzeit wurde aber auch auf anderem Wege etwas unternommen. Die Ladenkette verkaufte (wie der Name schon sagte) Grillhühnchen, ganz oder in Stücken, und gegrillte Rippchen. (Natürlich mit den allgegenwärtigen Pommes frites.) Zusammen mit der Ladenkette hatte Danil Gleixner Rinderzuchten in Queensland und West-Australien sowie Geflügelfarmen überall im Land gekauft. Tatsächlich waren es die Zuchtbetriebe gewesen, die Gleixner zunächst gereizt hatten, denn er war darauf bedacht, sein Imperium nicht nur kapital-, sondern auch flächenmäßig auszudehnen.

Das ganze Unternehmen war höchst profitabel: Genau wie Samuel D. Straughen verfügte auch Danil Gleixner über einen riesigen, festen Abnehmerkreis für das Fleisch von den Hühner- und Rinderfarmen. Es war ein perfektes Arrangement: Tausende Hühnchen wurden von Kleinfarmern gezüchtet, deren Lebensunterhalt von Eixn Enterprises abhing. Er besaß das Land und die Ausrüstung; sie züchteten die Hühnchen und verkauften sie an seine Läden; Rinderfarmen in Queensland und West-Australien, geführt von Männern, die sich darüber klar waren, wem sie Rechenschaft schuldeten, daß ihre Produktionsquoten jedes Jahr zu steigen hatten und daß Danil Gleixner auch andere Saiten aufziehen konnte. Es gab einen riesigen Exportmarkt für Vieh, und Eixn Enterprises verkaufte Fleisch über die Roast-'n-Ribs-Läden in Neuseeland, Europa und den Vereinigten Staaten; selbst in China und (erst vor kurzem) in Moskau wurden Läden eröffnet. Aber der Binnenmarkt war lebenswichtig für das Geschäft.

Die Pächter wußten das. Sie suchten sich andere Bezugsquellen. Sie wollten damit nicht den Geflügelfarmern schaden, die auf den jetzt Eixn gehörenden Farmen arbeiteten. Sie hatten keine persönlichen Probleme mit den Verwaltern der Viehweiden in West-Australien und

Queensland. Aber sie mußten überleben, und darum unternahmen sie die einzigen Schritte, die ihnen noch möglich schienen. Ihre gerichtliche Klage mochte Erfolg haben, aber genau konnte man das nie wissen. Für viele von ihnen würde es vielleicht sowieso zu spät sein, wenn ihre Pacht zur Verlängerung fällig wurde: Sie zumindest würden auf Arbeitslosengeld oder Altersrente angewiesen sein, sie würden ihren Lebensunterhalt verlieren und damit die Befriedigung, ein Geschäft zu führen und Profit zu machen. Sie setzten ein Kommittee ein, um andere Quellen für Hühner, Rippen und Steaks aufzutun.

Allmählich beeinflußten die Aktivitäten der Anti-Gleixner-Gruppe die Kapitalentwicklung bei Eixn Enterprises. Als Huhn in Australien ein Alltagsgericht wurde, anstatt wie früher etwas ganz Besonderes für das sonntägliche Mittag- oder Abendessen zu sein – mit ofengebackenen Kartoffeln und Kürbis, Süßkartoffeln, Pastinaken, Steckrüben, Erbsen, Bohnen, Karotten, Rosenkohl –, da stiegen Hunderte, vielleicht Tausende ›normale Australier‹ ins Hühnergeschäft ein. Nicht alle standen unter Danil Gleixners Kontrolle. Diejenigen, die es nicht taten, freuten sich über die neuen Abnehmer. Die Aufträge von den Samuel D. Roast ’n Ribs-Läden versetzten sie in Begeisterung. So sehr, daß sie mehr Hühner züchteten, mehr Ställe bauten oder ihre Ställe vergößerten. Und die Rinderzuchtbetriebe, die vorher nicht an Samuel D. Roast ’n Ribs verkauft hatten, begrüßten die neuen Geschäftsverbindungen. Es gab bald mehr Vieh von ihren Weiden und entsprechend weniger von den Farmen der Eixn Enterprises. Danil Gleixner kochte und schrie vor Wut. Aber er konnte nichts tun, solange eine Pacht noch lief. Die Pächter hatten das Recht, ihr Fleisch aus anderen Quellen zu beziehen.

(Dies war eine weitere Praxis, die Samuel D. Straughen einfach hatte weiterlaufen lassen, als die Firma ihm gehörte, von ihm verwaltet und im Stil der ›glücklichen Familie‹ geführt wurde. Zu seinen Lebzeiten hatte kein Pächter versucht, die Verkaufsabkommen zwischen den Läden, den Viehzuchtbetrieben und den Geflügelfarmen zu lösen.)

Während Eixn Enterprises Verluste hinnahm, durchlief die Klage den Instanzenweg. Danil Gleixner saß in der Falle: Er wollte seinerseits gerichtlich gegen die Pächter vorgehen und sie verklagen, weil sie die mit Samuel D. Straughen getroffene Abmachung brachen, Hühner und Rippchen nur von ihm zu beziehen. Damit hätte er aber auf Gewohnheitsrecht plädieren müssen und nicht auf Einhaltung der formellen Bestimmungen einzelner Verträge – genau das gleiche Argument, das seine Pächter gegen ihn zu verwenden versuchten. Wenn er darauf plädierte, wäre das gleichbedeutend mit der Anerkennung des ›Gewohnheitsrechts‹ als wesentlichem Bestandteil des Geschäfts; und wie hätte er dies auf die eine, ihm genehme Vereinbarung beschränken können – daß die Pächter nur von seinen Geflügelfarmen und Viehzuchtbetrieben kaufen (und über die Läden wieder verkaufen) durften – und gleichzeitig diejenige Vereinbarung ausschließen, welche die Pächter erzwingen wollten – das Recht zu haben, ihre Pachtverträge verlängern zu lassen oder sie an akzeptable Käufer weiterzuverkaufen und dabei selbstverständlich davon ausgehen zu können, daß er sie akzeptierte.

Letztlich siegte die Anti-Gleixner-Gruppe. In der ersten Instanz hatte Richter Quinlan negativ entschieden: die formellen Bestimmungen der Verträge hätten Vorrang vor jedem angenommenen oder unterstellten

Gewohnheitsrecht. Die Pächter waren sich einig, daß aufzugeben jetzt sinnlos war, wo sie die Aktion einmal gestartet hatten. Sie legten Berufung ein. Ein ganzes Gericht, mit den Richtern Stevens, Nimmo und Donchen war einstimmig dafür, die Entscheidung des nächst niedrigeren Gerichts umzuwerfen.

Aber es war zu spät für Tom Robards. Verzweifelt, ausgelaugt, außer sich über das, was er als Scheitern seines Geschäfts betrachtete, erschüttert darüber, daß er (in seiner Wahrnehmung) die Familie in die Armut getrieben hatte, nahm er die Entscheidung von Richter Quinlan als letzte Demütigung hin. Zwei Tage nach seinem Verschwinden, Tage, in denen die Angst seiner Familie einen Höhepunkt erreichte, der selbst das übertraf, was sie seit dem Tod von Samuel D. Straughen und der Geschäftsübernahme durch Eixn Enterprises empfunden hatten, wurde die Leiche von Tom Robards in seinem alten Wagen gefunden, den er auf einer einsamen Straße nach Kuringai Chase geparkt hatte. Ein Gartenschlauch war an den Auspuff angeschlossen und führte durch das Rückfenster ins Wageninnere. Er hatte sich auf dem Vordersitz festgebunden, als letzten Hinweis an sich selbst, es sich nicht doch noch anders zu überlegen. Neben ihm lag ein Brief an Jen Robards, in dem er schrieb, daß es ihm leid tue, aber daß er nicht weitermachen könne. Er bat sie um Verzeihung für den Kummer und die finanziellen Verluste, die er ihr und den Kindern bereitet hatte.

Der letzte Punkt in dem Teil der Akte, der sich mit Tom Robards beschäftigte, war eine Reihe von Ausschnitten aus der Abteilung Todesanzeigen des *Sydney Morning Herald*. Die Anti-Gleixner-Gruppe hatte eine große Anzeige geschaltet, mit einem dicken Trauerrand und einem zwei Zoll breiten freien Raum oben und unten.

Einzelne Ehepaare, andere Pächter, hatten selber Traueranzeigen in die Zeitung gesetzt. Verschiedene Zweige der Familie Robards wurden in dem vierspaltigen Artikel erwähnt, der ihm gewidmet war. Und zusätzlich zu ihren persönlichen Abschiedsworten ließ die Familie eine feierliche Todesanzeige drucken: ›Die Familie Robards dankt allen, die ihr bei diesem traurigen Anlaß zur Seite standen, vor allem in den Wochen und Monaten vorher.‹

(Letzteres war natürlich eine diskrete Anspielung auf die Zeit ›nach Gleixner‹ oder auf das, was die Familie jetzt ›die Gleixner Jahre‹ nannte, die Zeit, in der sie, und vor allem Tom Robards, einen Rechtsstreit mit Danil Gleixner durchstehen mußten.)

Es folgte: ›Die Beisetzung findet im engsten Familienkreis statt. Am Freitag, dem 10. März, wird in der St. Xavier's Church in der Risden Street, North Sydney, ein Gedenkgottesdienst abgehalten. Alle, denen Tom etwas bedeutete, die ihn liebten und unterstützten, sind willkommen.‹

›Wir freuen uns über Blumen‹, ging der Text weiter, ›und alle, die für den Anti-Gleixner-Fonds spenden wollen, wissen, wie sehr sich Tom darüber gefreut hätte, daß die Sache weiterhin Unterstützung findet.‹

Die Anzeige endete mit den Worten: ›In stillem Gedenken. Jennifer Penelope Robards, Susanne Grace Robards, Robert Thomas Robards und Margaret Jessica Robards.‹

Es war noch mehr in dem Aktenordner, mehr über Geschäfte, darüber, wie sich Eixn Enterprises von der Prozeßniederlage erholte, über Expansionen in anderen Bereichen, über Treuhandvereinbarungen außerhalb von Gleixners traditioneller Geschäftsbasis, dem Import und Export von Luxusautos, mit dem er ursprünglich angefangen hatte.

Aber Joe Barnaby las nicht weiter. Er sah auf und seine und Francescas Blicke trafen sich. »Schrecklich, oder?« sagte sie. Es war eigentlich keine Frage.

Er nickte. »Und du glaubst, daß es etwas mit diesem – mit Gleixners Tod zu tun hat?«

Sie nickte. »Dies hier liegt acht Jahre zurück. Eine lange Zeit, ich weiß. Aber man kann so etwas nicht vergessen. Wie könnte man, wenn sowas dem Ehemann, dem Vater passiert?«

»Also, du denkst, daß es die Frau oder die Kinder waren – eins der Kinder?« fragte Joe Barnaby und sah ihr fest in die Augen.

»Könnte sein. Könnte sein, Joe«, erwiderte sie.

Nicht großspurig. Eher ein bißchen niedergeschlagen.

»Ich möchte nicht, daß es so ist. In Anbetracht der Tatsachen, scheint mir, hätten sie vielleicht sogar ein Recht dazu gehabt. Kommt darauf an, was man unter Gerechtigkeit versteht, Auge um Auge und so. Aber – ich glaube, einer von ihnen hat vielleicht den richtigen Zeitpunkt abgepaßt. Hat gewartet, bis es möglich war, damit davonzukommen. Ließ die Jahre verstreichen, ohne was zu unternehmen – und dann ...« Sie verstummte.

Er tippte mit dem Finger auf einen der Artikel, den letzten, der von der Entdeckung von Tom Robards Leiche berichtete. »Gut, du könntest recht haben. Wir müssen das prüfen. Die älteren Kinder studierten damals – vor acht Jahren, und das jüngste ging noch zur Schule. Ich werde es notieren, damit Constable Crawshaw und Sergeant Deanes es überprüfen. Wenn wir wissen, wo sie wohnen und was sie jetzt machen, können wir immer noch überlegen, was wir von ihnen wollen. Sie könnten schließlich tot sein, das Land verlassen haben, in einen anderen Staat gezogen sein – acht Jahre ist eine lange Zeit.«

Sechstes Kapitel

In dem der ungeratene Sohn spricht

Ein Betrunkener sollte geknebelt und an den Händen gefesselt
und mit einer roten Fahne um den Hals
ins Wasser geworfen werden.

»Er war ein Lügner und Betrüger. Ein diebischer Scheißkerl. Und er hat einen Säufer aus mir gemacht.« Tomas Gleixner ließ sich in seinen Stuhl zurückfallen. Eine lange schwarze Locke fiel ihm ins Gesicht, und seine Hand umklammerte den Hals einer Whiskyflasche. Glenfiddich, bemerkte Francesca Miles. Nicht gerade eine billige Marke. Tomas Gleixner, oder eher Tomas Eixn, wie man ihn jetzt nannte, lebte gut, ob er nun ein Säufer war oder nicht.

»Und ich werde Ihnen nicht sagen, wo ich war, als der tödliche Schuß abgefeuert wurde, wie es in den besten Krimis heißt. Das können Sie selbst herausfinden. Sie brauchen meine Hilfe nicht.«

Er warf den Kopf zurück und nahm einen kräftigen Schluck aus der offenen Flasche, wobei sich sein Kehlkopf geräuschvoll bewegte.

»Okay, okay, Kumpel. Regen Sie sich wieder ab«, sagte Inspektor Barnaby milde. »Ich kann Sie nicht zu einer

Antwort zwingen. Aber Sie können uns nicht davon abhalten, Fragen zu stellen.«

»Nur los, fragen Sie, fragen Sie«, erwiderte Tomas Gleixner und machte eine ausladende Handbewegung, so daß er ein Glas auf dem Tisch vor ihm umstieß. Es fiel zu Boden und zerbrach mit einem scharfen Geräusch, das in dem fast leeren Appartement widerhallte.

»Aber ich kann Ihnen nichts erzählen. Ich bin vor fünf Jahren zu Hause ausgezogen und seitdem nicht wieder zurückgekehrt. Es gab nichts, wofür es sich gelohnt hätte.«

Ein selbstmitleidiger Ton schlich sich in seine Stimme. »Ich soll rausgehen und selbst für meinen Lebensunterhalt arbeiten, das hat er mir gesagt. Er meinte, das hätte er getan, und ich sollte das auch tun. Aber warum? Warum, wenn man der Sohn ist – der einzige Sohn – von einem Scheißkerl, der alles hat – warum sollte ich wohl rausgehen und arbeiten? Wozu hatte er denn das ganze Geld verdient, alle übers Ohr gehauen, hier geknausert und da geknausert, Kostenvoranschläge gemacht, die nur deshalb so niedrig ausfielen, weil er an allem sparte und die Arbeiter beschiß, nur um die anderen zu unterbieten.«

Er verstummte und nahm noch einen Schluck Whisky. »Oh ja. Alle dachten, er wäre ein ganz großes Licht. Aber er täuschte sie, er täuschte sie alle. Er ließ sie in dem Glauben, daß sie eines Tages auch so sein könnten wie er. Daß sie sich selbst aus dem Nichts etwas aufbauen könnten, daß sie ein Imperium leiten könnten. Aber das hätten sie nie gekonnt, niemals. Er fing ganz unten an, ganz am Anfang des Aufschwungs. Er holte aus ihnen raus, was rauszuholen war. Und er würde sie fallenlassen, todsicher, wenn der Markt für Luxusautos oder Immobilienbesitz zusammenbrach – und das würde eines Tages passieren.

Man konnte das meilenweit voraussehen, wenn man nur ein bißchen Verstand hatte. Diese ganze Expansion konnte nicht immer so weitergehen. Vierzig Kräne, die in den Himmel ragten, alle ganz oben auf Bürohochhäusern. Ich frage Sie: Woher sollten all die Leute kommen, um darin zu arbeiten? Man füllt sie mit Angestellten des öffentlichen Dienstes, so läuft das normalerweise. Aber was, wenn die Linken und die Liberalen ständig vom Abspecken der Regierung reden, ihre Bediensteten zu Dutzenden entlassen, sie mit dicken Summen abfinden? Dann sitzt niemand mehr hinter einem Schreibtisch. Jedenfalls reichen die nicht mehr für all die –«

Er rülpste laut und hielt sich den Rücken der freien Hand vor den Mund. »Entschuldigung, meine Dame«, sagte er mit einem Blick auf Francesca Miles. »Aber das ist für Sie wahrscheinlich Alltag. Sie haben bestimmt tausendmal Schlimmere als mich auf der Straße gesehen –« Er verstummte. Seine Augen wurden glasig.

»Mach lieber mal eine Tasse Kaffee, Joe, wenn welcher im Schrank ist.« Francesca sah Inspektor Barnaby entmutigt hinterher, als er sich von der Couch gegenüber Tomas Gleixner erhob, auf der sie beide während der ganzen Tirade gesessen hatten.

Freitag. Weniger als eine Woche, seit man Danil Gleixners Leiche aus dem blutigen Fitneßraum in den Skye-Apartments getragen hatte. Weniger als eine Woche, in der Francesca Miles und Joe Barnaby mit Rosa Sunny Gleixner gesprochen hatten (oder eher sie mit ihnen), bis ihnen von Grant Webster von der Firma Coombs, Cooper, Candi-lune und Gzelka erklärt wurde, es sei ›genug, vielen Dank, dies ist allein meine Klientin, ich verwalte ihr Vermögen, dafür sorge ich schon – und sie wird sich nicht äußern, falls es etwas gibt, wozu sie sich äußern sollte, jedenfalls nicht, solange ich das verhindern kann.‹ Nun, er hatte versucht, den Redeschwall der sonnigen – jetzt bissigen – Rosa zu unterbrechen. Er war nicht sehr erfolgreich gewesen, aber zumindest hatte er es versucht.

Es war erst kurze Zeit her, daß Elka und Constant Gerau ihre Version der Geschichte erzählt hatten, und Mirna Gleixner Tyson wiederum die ihre (ohne allzusehr auf die ständige Einmischung ihres Ehemanns Charles zu achten).

Francesca Miles hakte sie im stillen ab: Tomas Gleixner war noch dran – und mit dem Kaffee, den sie ihm verabreichen wollten, wäre es vielleicht möglich, ein vernünftiges Verhör durchzuführen. Joe Barnaby war dabei, diesen Kaffee zu machen, in einer Küche, in der es nichts zu essen gab wie in den Küchen von Alkoholikern auf der ganzen Welt. Außerdem war da noch Daniella Gleixner – die mögliche Erbin. Zumindest schienen andere in der Familie sie dafür zu halten. Und Elizabeth Prince. Mußte man sie im Krankenbett verhören, oder würden sie sie gut erholt in den Skye-Apartments antreffen? Das hing wohl davon ab, ob sie sich überwinden konnte, zum Ort des Todes zurückzukehren, und ob Rosa Gleixner sich schon dort aufhielt. Hatte letztere sich dort niedergelassen – oder hatte sie das frühere Liebesnest der ehemaligen Geliebten überlassen? Und was war mit Robards? Würde Inspektor Crawshaw irgend etwas zu Tage fördern, dem man nachgehen sollte oder war das eine weitere Sackgasse?

»Hier kommt der Kaffee.« Barnabys Stimme unterbrach das Schweigen und schreckte Tom Eixn in eine aufrechte Haltung. Die Flasche war ihm aus der Hand gefallen, und der Whisky sickerte neben seinen Füßen in den Teppich. »Wa –«

Joe Barnaby servierte, indem er den Arm ausstreckte und den Kaffee zwischen Tom Eixns schlaffe Lippen goß. Der prustete kurz und trank dann gierig. Er umklammerte Joes Handgelenk, so daß die Tasse sich ihm entgegenneigte, und schlürfte den schwarzen Kaffee.

»Also warf er mich raus. Sagte, ich sollte mir eine Arbeit suchen. Aber ich hatte überhaupt keine Ausbildung.« Tom Eixn hatte sich ausreichend erholt, um deutlicher zu sprechen. Er hatte anscheinend beschlossen, mit ihnen zusammenzuarbeiten, zumindest, soweit es ihm angebracht erschien. Gehorsam wartete er auf die nächste Frage. Francesca stellte sie. Tom Eixn antwortete.

»Ich bin hier vor ein paar Jahren eingezogen, nach einer Reise quer durch Europa. Ich hab' mich durch Griechenland und Mesopotamien geschlagen, hoch durch die Ukraine, dann wieder runter durch China. Nach Hause bin ich über Thailand, Malaysia und Singapur gekommen. Mit dem obligatorischen Stop in Bali natürlich.«

»Und seitdem suchen Sie Arbeit?« Fragend hob Francesca die Augenbrauen.

»Also – ja, das könnte man so sagen. Es gibt nicht mehr viele freie Stellen heutzutage. Ich bin gleich nach dem Börsenkrach 1987 zurückgekommen. Und seitdem ist alles schlimmer geworden, nicht besser«, sagte er und klopfte die Asche seiner Zigarette im Aschenbecher vor sich ab. Der Rauch wirbelte nach oben und zog dann zu Francesca hinüber. Sie lehnte sich zurück und wedelte die graue, sich kringelnde Rauchsäule mit der Hand fort.

»Natürlich blieb ich mit Mutter in Verbindung. Gute, alte Mutter. Immer da, wenn man sie brauchte. Zumindest, wenn sie nicht gerade nach Hongkong zum Mittagessen flog oder übers Wochenende nach Paris. Und zu Ostern nach London.«

Er verstummte wieder. Barnaby hielt den Augenblick für geeignet und feuerte die nächste Frage ab. »Ihre Mutter verbrachte neulich ein paar Tage in Hongkong. Sie hat Sie bestimmt von dort aus angerufen, oder?«

Tom Eixn blickte auf die Tasse hinunter, die er noch in der Hand hielt. »Bestimmt. Ich meine – sie ist so oft weg, an so vielen verschiedenen Orten. Wie soll ich das alles im Kopf behalten?«

»Es war gleich nach der Hochzeit Ihrer Schwester – Mirnas Hochzeit. In Perth«, sagte Francesca. »Das können Sie doch nicht so schnell vergessen haben.«

»Also – nein, Sie haben recht«, seufzte Tom Eixn und fuhr sich mit der Hand über die Augen. »Das kann wohl kaum jemand vergessen. Und ich schätze, Mutter und Mirna wollten auch ganz sicher gehen, daß niemand es je vergessen wird.« Er hielt kurz inne und fuhr dann fort. »Können Sie sich das vorstellen? Soviel Geld für soviel nutzloses Zeug verschwendet. Sie ließen sogar Damon Rusden aus Brisbane einfliegen, damit er die Blumenarrangements machte. Die Blumenarrangements! Gott. Es gab Blumen in den Kirchenbänken, Blumen vor der Kirche, Blumen in der Kirche. Blumen am Altar. Wie Mirna überhaupt den Weg zum Altar sehen konnte – sie und Vater mußten durch eine Art Telepathie den Fußboden erspüren, sehen konnten sie ihn nicht. Und wie der Priester zum Mittelschiff gelangte – na, er hatte wohl auch übersinnliche Wahrnehmungskräfte. Tausende von Dollars für Blumen. Mensch – ich wette Mirna (oder eher noch dieser Charles von ihr) bedauert schon, daß sie dieses Geld jetzt nicht haben. Aber ich glaube, es war eine Art, Geld aus Vater rauszuholen. Er war nicht gerade großzügig, wenn es um seine Kinder ging, jedenfalls, was Mirna und mich betraf. Daniella –«

Francesca Miles und Joe Barnaby warteten, daß er seinen Gedankengang über Daniella und Danil Gleixners Geld abschloß. Tomas Gleixner tat ihnen den Gefallen nicht. Er nahm noch einen Schluck von dem inzwischen fast kalten Kaffee.

»Sie wollten uns von der Hongkong-Reise Ihrer Mutter nach der Hochzeit erzählen«, ermunterte Francesca ihn sanft.

»Hm. Also – ja. Sie rief ein- oder zweimal an. Sagte, was Mütter so zu ihren Söhnen sagen – selbst wenn sie nichts taugen.« Er lachte. »Ich war für sie wohl genau so eine Enttäuschung wie für ihn. Der einzige Sohn – und ein elender Versager. Vater dachte immer – wünschte sich immer –, Daniella wäre ein Junge. Dann kam ich. Die Ausstattung stimmte, aber sonst nichts. Ich war niemals gut genug für ihn. Er nahm mich kaum wahr. Ich bemühte mich so sehr, seinen Ansprüchen zu genügen. Aber es war niemals gut genug. Dann, als er sich mit dieser Prince – Elizabeth – zusammentat, war alles vorbei. Überhaupt keine Chance mehr für mich. Und wahrscheinlich war es damals sowieso schon zu spät. Daniella war der Wunderknabe, die Wunderfrau. Aber auch sie, selbst sie wäre wohl beiseite geschubst worden, wenn die liebe kleine Elizabeth erstmal Kinder gekriegt hätte. Ich konnte es in Vaters Augen lesen: eine neue Ehefrau, eine neue Familie. Und vielleicht würde *sie* zuerst einen Jungen zur Welt bringen. Das tun, was Mutter nie geschafft hatte – die Familie von Anfang an in der richtigen Reihenfolge aufbauen. Er war der älteste Sohn in seiner Familie, und als er Mutter heiratete, erwartete er, daß das Richtige passierte. Sie enttäuschte ihn, weil sie zuerst eine Tochter zur Welt brachte, genau wie ich ihn enttäuschte, weil ich als Zweiter geboren wurde. Tomas, der einfach nicht gut genug ist.«

Bei den letzten Worten äffte er seinen Vater nach, indem er die Tasse auf den Tisch zurückstellte und beide Hände aufstützte, so daß sie gleich oberhalb der Knie den Oberschenkel umklammerten. Seine Kieferknochen traten hervor und seine Augen wurden hart, als er das Gesicht vorschob.

»Elizabeth ist schwanger, sagen Sie?« fragte Francesca Miles und warf Joe Barnaby einen Blick zu. Gedanken an Erbschaft, Testamente und Dollarbündel schossen ihr durch den Kopf.

»Ich bin nicht ganz sicher. Aber ich weiß genau, daß er das vorhatte. Wenigstens redeten sie seit einer Ewigkeit darüber. Und im Geiste sah er Dynastien vor sich. Wie all diese Typen in seinem Alter, die ganz hingerissen sind von einer, die nur halb so alt ist wie sie. Und ich habe sie überhaupt erst miteinander bekannt gemacht.«

Er hob die linke Hand und schlug sich mit theatralischer Geste an die Stirn.

»Warum hab' ich das bloß getan? Wie kann ein Mann nur so dumm sein? Da sind wir, amüsieren uns beim Pferderennen, ich und Jancey und Elizabeth Prince. Und ich stelle sie meinem Vater vor. Und er kriegt sich nicht mehr ein. Ist ganz verrückt nach ihr. Und sie – sie –«

Wieder brach er ab. Wieder hakte Francesca nach: »War das in Sydney oder in Melbourne?«

»Damals in Sydney. Es war Rosehill. Sein regelmäßiger Auftritt im Golden Slipper, bevor er sich zum Melbourne

Cup hocharbeitete. Er ließ ein paar Pferde in den Nebenrennen mitlaufen und im Slipper selbst. Er hatte damals noch kein Pferd, das gut genug für den Cup war. Und als er endlich eins bekam, das den Cup tatsächlich gewinnen konnte, was passiert da? Mirna überredet ihn, ihr Parkson Ventura zu überlassen. Ihr und diesem Verschwender von einem Ehemann. Gott!«

»Und Elizabeth Prince?« Diesmal war es Joe Barnaby, der hoffte, mehr aus Tom Eixn herauszuholen, als dieser von sich zu geben bereit war.

»Ja. Janceys beste Freundin. Jancey Peters. Jancey war damals meine Freundin – Wow! Sie war schon toll –«

Er verstummte.

»Sie sind nicht mehr zusammen?« Das war Francesca.

»Nein – nein, jetzt nicht mehr«, erwiderte Tomas.

Plötzlich wandte er seine Aufmerksamkeit Inspektor Barnaby zu und sah ihn fest an. »Sie wollen also wissen, was ich Dienstag morgen und nachmittag gemacht habe, als mein Vater umgebracht wurde – oder sich selbst umbrachte.« Er sprach eilig weiter. »Fürchte, ich werde keine Hilfe für Sie beide sein. Kein Alibi, wissen Sie. Ich war hier. Hier, mit einer totalen Mattscheibe nach einer Sauftour. Ich mach' das oft, das werden Sie schon erraten haben. Was soll ein Mann schon tun, wenn der eigene Vater ihn verstößt, ihm sagt, er soll sich Arbeit suchen, und ihm gleichzeitig genug Unterhalt zahlt, daß er keine Arbeit braucht. Und jetzt, wo ich am Ende bin, ein richtiger Säufer, unfähig, überhaupt noch Geld zu verdienen, was macht der Typ? Er bringt sich um, oder läßt sich umbringen. Hat wahrscheinlich all sein Geld durchgebracht – unsere Erbschaft. Geschieht mir recht, wo ich ihn die ganzen Jahre über ertragen habe, so getan habe, als sei er ein guter, liebevoller Vater. Und wenn er es nicht durchgebracht hat, dann hat er es jedenfalls nicht mir vermacht. Also ist der Hahn zu. Kein Geld mehr.«

Er sah sie beide an.

»Ja, Sie haben es erfaßt. Als Toter nützt mir Danil Gleixner nichts. Mich hat er in seinem Testament nicht bedacht. Solange er am Leben war, konnte ich von dem Geld leben, das er mir gab, egal, wieviel es war. Zumindest solange, bis ein neues Kind auftauchen würde. Der erstgeborene Sohn, den er immer haben wollte. Aber – tot – da geht alles an Daniella.«

»Glückliche kleine Familie, was?« Joe Barnaby saß am Steuer und fuhr von Neutral Bay in Richtung Sydney Harbour Bridge. Francesca machte eine zustimmende Grimasse.

»Sie mochten sich alle nicht besonders. Und Danil Gleixners Tod hat nicht gerade dazu beigetragen, daß sie sich lieber mögen.«

»Und es hilft uns nicht weiter, daß Tomas Gleixner ohne weiteres zu den Skye-Apartments und zurück fahren konnte, ohne daß es irgend jemand mitbekam«, sagte Barnaby und trat aufs Gas.

»Er war vielleicht zu betrunken, um zu fahren«, erwiderte Francesca langsam. »Er scheint nicht viel zu vertragen.«

»Aber mit dem Kaffee hat er sich schnell erholt«, sagte Joe. »Scheint einer von diesen Trinkern zu sein, die sich einigermaßen im Griff haben. Er hat möglicherweise die Fähre durch den Hafen genommen. Dann wäre es nur noch eine kurze Fahrt mit dem Bus oder dem Zug raus nach Double Bay oder Edgecliffe. Um die Uhrzeit brauchte ihn wirklich niemand zu sehen. Die meisten

Leute waren zur Arbeit. Die Skye-Apartments waren leer –«

»Besonders, wo man das Dienstmädchen weggezaubert hatte«, antwortete Francesca. »Übrigens, sollten wir nicht das Dienstmädchen überprüfen? Ist sie noch in der Gegend?«

»Ich hab' einen von den Jungs – Als ich die Geschichte über Tom Robards las, fragte ich mich ...« Er bog links ab, fuhr über die Brücke und wühlte im Handschuhfach nach Münzen. Er nickte dem Mautner zu, steckte das Geld in den Schlitz und fuhr unter der Schranke durch.

Die Rathausuhr stand auf Viertel nach sechs, als sie Richtung College Street und Polizeihauptquartier fuhren. Als sie in die Oxford Street einbogen, hörten sie das Aufheulen der Polizeisirene.

»Irgendwas ist da passiert«, sagte Inspektor Barnaby und warf Francesca Miles einen Blick zu. »Vielleicht etwas, was mich von diesem undurchschaubaren Durcheinander ablenkt.«

Er fuhr den Wagen an den Bordstein, parkte direkt vor dem Haupteingang und stellte den Motor ab. Ein Polizist, der offensichtlich nach ihm Ausschau gehalten hatte, kam über die Straße gerannt.

»Inspektor, Inspektor.« Die Stimme klang dringend.

»Ja, Burns, was ist los? Nur keine Panik.« Barnaby seufzte bei dem Gedanken an einen neuen Fall, wo er doch eigentlich nach Hause wollte. Nach Hause zu einer warmen Mahlzeit und einer kühlen Hand, die sich ihm auf die Stirn legte. Ihm war klar, daß er sich einem Klischee hingab, und es störte ihn nicht.

»Sir. Es geht wieder um den Fall Gleixner. Sieht so aus – sieht aus, als könnte es ein Mord sein. Oder es ist ein sagenhafter Zufall.«

»Okay, Mann, raus damit.« Inspektor Barnabys Stimme war fest. »Was ist passiert?«

»Es ist – es ist Tomas Gleixner. Man hat gerade seine Leiche gefunden. Tot. In der Badewanne ertrunken. Könnte – könnte ein Unfall gewesen sein. Der Anrufer sagte, daß neben ihm eine leere Whiskyflasche liegt. Aber –«

»Ich verstehe, was Sie meinen, Burns. Aber lassen Sie uns keine voreiligen Schlüsse ziehen.« Joe Barnaby wandte sich zu Francesca um und schlug mit der Hand auf das Lenkrad. »Wenn es Mord ist, dann kommt diesmal wenigstens eine von ihnen nicht in Frage. Ohne Zweifel. Hieb- und stichfestes Alibi.«

Francesca sah ihn an und flüsterte tonlos: »Elizabeth Prince.«

Barnaby nickte. »Jawohl. Sie ist noch im Krankenhaus. Sie konnte keinesfalls in Tomas Gleixners Wohnung in Neutral Bay sein, um ihm den Kopf unter Wasser zu drücken.« Plötzlich gingen die Straßenlaternen an. Barnaby spürte, daß der Polizist, der die Nachricht überbracht hatte, noch da war.

»Na, Burns, was ist? Sie haben mir gesagt, was los ist. Zurück zum Dienst mit Ihnen.«

Burns betrachtete verlegen die glänzenden Spitzen seiner Uniformstiefel. »Äh, Inspektor. Nur noch eins. Ich fürchte, Ms. Prince ist doch nicht ganz aus dem Rennen. Sie hat sich heute nachmittag um vier aus dem Krankenhaus abgemeldet. Niemand weiß, wo sie hin ist. Sie hat sich in Nichts aufgelöst.«

Siebtes Kapitel

In dem Elizabeth Prince ihren Posten verteidigt

Ein Mann braucht die Annehmlichkeit eines Besitzes.
In dieser Hinsicht ist es ein wohliges Gefühl von Luxus,
zwei zu haben.

»Kein Zweifel, die Lage verschärft sich.« Es war Joe Barnaby, der sprach. Er hielt sich eine Ausgabe des *Telegraph Mirror* vor die Brust, mit der Titelseite zu Francesca Miles, so daß sie ohne Schwierigkeiten die dicken Schlagzeilen lesen konnte: ›Ehefrau gegen Geliebte‹.

Darunter ein Foto von Rosa Sunny Gleixner mit wogendem Haar, die Arme in die Seiten gestemmt, vor dem Eingang zu den Skye-Apartments. Neben ihr stand Grant Webster, der in seinem eleganten Anwaltsanzug irgendwie fehl am Platz wirkte. Er hielt ein Stück Papier in der Hand, das sich bei näherem Hinsehen als gerichtliche Verfügung entpuppte.

Links von dem Bild mit Rosa und ihrem Anwalt nahm eine zarte Profilaufnahme von Elizabeth Prince die halbe Seite ein. Die jeweiligen Bildunterschriften lauteten: ›Rosa verteidigt das zweite Heim der Familie. Gerichtsanordnung schließt Elizabeth aus‹ und: ›Geliebte nicht auffindbar. Nicht einmal ein ›Kein Kommentar‹.

»Sie hat etwas unternommen, um Elizabeth Prince die Rückkehr ins Penthouse zu verbauen«, sagte Joe Barnaby. »Und Rosa versucht, die Monets und Manets zurückzubekommen, und die Jacht auch.«

»Hm. Sie scheint auch Maßnahmen anzudrohen, um sich ein paar Pferde zurückzuholen, die Gleixner in eine unter seinem und ihrem Namen laufende Teilhaberschaft eingebracht hatte – dem Namen von der Prince, meine ich.« Francesca überflog kurz den Artikel, der zu vermitteln versuchte, daß es sich hier um die üble Geschichte von Frau gegen Frau handelte, die miteinander um den Besitz eines Mannes kämpften. Es wurde mit keinem Wort erwähnt, welchen Beitrag jeweils Rosa Gleixner und Elizabeth Prince dazu geleistet hatten, dieses Vermögen zusammenzutragen, ob es sich nun um das Haus, das Penthouse, das Auto oder die Autos handelte. Die Jacht. Die Firma. Und alles andere, das man im Laufe einer Ehe oder einer De-facto-Beziehung aufbaut, und in diesem Fall sogar noch viel mehr.

»Also, ich möchte wissen, wer die Bücher und die Videos kriegt«, sagte Francesca, und ein Schatten fiel über ihr Gesicht. (Als ihre Scheidung durchgekommen war, hatte sie sich glücklich geschätzt, wenigstens die ansehnliche Büchersammlung für sich retten zu können, die sie in den vier Jahren ihrer Ehe mit Tony Sandford zusammengetragen hatte. Sie verschwendete keine Zeit mehr damit, über diesen Fehler nachzudenken. Obwohl sie damals die Videos im Tausch für die Bücher hergeben mußte. Kein schlechtes Geschäft, dachte sie jetzt – obwohl sie nur ungern die Filme verlor, von denen sie viele in ihrer regelmäßigen Kolumne in der *Filmscope* besprochen hatte.)

»Aber im Ernst, Joe, warum muß ausgerechnet das hier Schlagzeilen machen, wenn die wirkliche Welt in einer Krise steckt – die Wirtschaft ist kaputt (zumindestens sagen das die Volkswirtschaftler und die Statistiken – und auch die Frauen, die bei den steigenden Preisen in den Supermärkten einkaufen), Krieg am Golf, sogenannter Frieden am Golf, Flüchtlinge aus Kambodscha, niedergemetzelte Studenten in China –«

»Ich bemühe nur ungern ein Klischee, Fran, aber sowas hilft, eine Zeitung zu verkaufen«, erwiderte Joe, faltete den *Telegraph Mirror* zusammen und warf ihn auf seinen Schreibtisch.

Nachforschungen am Wochenende hatten den Aufenthaltsort von Elizabeth Prince nicht herausbringen können. Aber Joe Barnaby war einer Ahnung gefolgt und rührte sich nicht. Früher oder später würde sie auftauchen, bereit zum Verhör. Und wahrscheinlich eher früher. Wäre auch sie dem Mord-Selbstmord-Unfall-Syndrom zum Opfer gefallen, das die Familie Gleixner heimzusuchen schien, hätte man das inzwischen herausgefunden. Sie mußte am Leben sein und war vermutlich bereit zu reden. Und sei es nur, um sich selbst gegen den Vorwurf zu verteidigen, sie sei eine Männerausbeuterin und obendrein eine mordlustige Verrückte.

Francesca wußte, daß die Arbeit der Polizei oft so aussah. Die Öffentlichkeit stellte sich immer Einsatzwagen, die hierhin und dorthin rasten, Polizisten mit Revolvern im Anschlag und erhobenen Schlagstöcken vor. Die Wirklichkeit war viel zahmer. Sicher, es gab so etwas wie Ermittlungsarbeit. Aber im Falle der ernsten Verbrechen (oder der möglicherweise ernsten Verbrechen) brauchten die Zeugen oft keine weitere Ermunterung, sich zu melden. Es war nie ganz klar, ob makabre

Neugier oder staatsbürgerliches Verantwortungsgefühl sie trieb: wahrscheinlich etwas von beidem. Aber auf alle Fälle meldeten sie sich, und sie lieferten Informationen von unterschiedlicher Brauchbarkeit oder Trivialität. Oft war das Triviale bedeutsamer. Francesca Miles fand das durchaus verständlich: Schließlich war die ursprüngliche Bedeutung von trivia ›drei Wege‹ oder ›Ort, an dem sich drei Straßen treffen‹. Mit der Zeit war das Wort selbst trivialisiert worden, und so bedeutete es heutzutage meist das Gegenteil seiner ursprünglichen Bedeutung. Seit jeher geschahen bedeutsame Ereignisse dort, wo sich die Landstraßen kreuzten, und an den ›gewöhnlichen‹ Wegen durch ein Dorf. Der Ort, wo Frauen zusammenkamen, um zu ›schwatzen‹ – Nachrichten weiterzugeben oder die Ereignisse des Tages oder medizinisches Wissen (jetzt bekannt als ›Altweibergeschwätz‹). Genau wie das Wort ›Mätresse‹ von der Bedeutung ›Frau des Hauses‹, ›Leiterin des häuslichen Marktes‹, ›Wirtschafterin der Privatsphäre‹ degeneriert war bis zu ›Besitztum eines Mannes‹ oder, noch passender für diese Zeit der Lebensabschnittspartnerschaften, ›Pachtbesitz‹.

Das Telefon klingelte. Inspektor Barnaby nahm den Hörer, nannte seinen Namen und hörte zu. »Gut, schick sie nach oben«, sagte er nach langem Schweigen.

Er sah Francesca an und sagte: »Sie ist hier. Mit einem ganzen Gefolge. Rechtsanwalt, Verteidiger, und irgendein männlicher Freund. Jawohl. Elizabeth Prince ist auf dem Weg nach oben.«

Er zog seine Hose ordentlich hoch, fühlte hinten am Hosenbund nach, ob das Hemd richtig im Gürtel steckte, und ging zur Tür.

»Hallo, Barnaby, was ist denn das?« lachte Francesca Miles. »Erzähl mir nicht, daß auch Bullen für die Reize einer attraktiven Frau empfänglich sind – vor allem solche, die gerade zum Inspektor befördert wurden und die Mordkommission leiten. Du machst dich doch nicht zurecht, nur weil gleich ein paar Anwälte hereinkommen.«

Inspektor Barnaby wurde rot. »Unsinn, Fran«, sagte er mit gespieltem amerikanischem Akzent. »Du wirst mir doch nicht vorwerfen, daß ich's mal versuche.«

Es klopfte. »Sind Sie da, Inspektor?« Es war Constable Crawshaw mit vier Gestalten im Gefolge.

»Okay, Constable. Und wie wäre es mit etwas Tee oder Kaffee – möchte jemand Tee? Kaffee?«

Constable Crawshaw nahm die Bestellungen entgegen und verschwand in Richtung der engen Küche am Ende des Korridors. Inspektor Barnaby übernahm das Vorstellen.

»Sie begaben sich also vom Krankenhaus direkt ins Haus Ihrer Mutter in Hunters Hill«, sagte Barnaby. »Erinnern Sie sich an den Namen des Taxiunternehmens?« Elizabeth Prince schüttelte den Kopf. (Das wäre problemlos herauszufinden, dachte er: sie war hinreißend. Jeder Taxifahrer, jede Taxifahrerin würde sich mit Sicherheit an sie erinnern.)

»Ich – ich mußte da einfach raus. Ich konnte es nicht mehr ertragen, eingesperrt zu sein. Oh – sie waren nett – sehr nett zu mir. Aber die langen Tage, ohne an etwas denken zu können außer –«

Sie verstummte. Dann straffte sie sichtbar die Schultern und fuhr fort.

»Als ich zu mir kam, konnte ich kaum denken. Man hatte mir Valium oder Mogadon oder sowas gegeben.

Vielleicht sogar etwas Stärkeres. Zuerst wußte ich nicht, wo ich war. Ich konnte mich nicht erinnern, was passiert war, warum ich dort war. Dann kam alles zurück. Das Apartment. Die Sonne, die hereinschien. Die Stille. Und die geschlossene Tür mit dem Rot, das darunter hervorsickerte.«

Sie schauderte. Maurice Burton, der sich als ihr Rechtsanwalt vorgestellt hatte, legte ihr beschützend den Arm um die Schulter. Sie schien in sich zu versinken, blickte dann wieder auf. »Von danach weiß ich nicht mehr viel. Da war ein Polizist – Ich weiß nicht einmal, wie er da hingekommen ist – ich –«

»Sehen Sie, Inspektor, es ist alles noch sehr frisch für Ms. Prince. Vielleicht können Sie ein paar Fragen aufschreiben, und wir können wieder gehen und die Antworten aufschreiben und sie Ihnen dann bringen lassen.«

Das sagte Francis Morrish, vorgestellt als ein Freund von Ms. Prince. Es war eindeutig, daß die drei Begleiter sich vorher nicht auf eine Vorgehensweise geeinigt, geschweige denn Ms. Prince ins Vertrauen gezogen hatten. Abrupt mischte sich Simon Rees ein, der Verteidiger: »Langsam, langsam, Elizabeth. Denk einfach in Ruhe nach, und du wirst es schaffen.« Er wandte sich an Barnaby. »Sie haben ihre anfängliche Aussage von dem Tag, an dem sie ihn gefunden hat. Sie haben das inzwischen überprüft, nehme ich an. Es geht also nur darum, was sie getan hat, seit sie das Krankenhaus verließ – zwischen dem Zeitpunkt und jetzt im Grunde genommen.«

»Nun, es gibt noch einiges andere«, sagte Francesca Miles langsam. »Wir müssen gewisse Einzelheiten überprüfen wie – nun, das Testament. Und alle Vereinbarungen, die bezüglich der Zukunft zwischen Mr. Gleixner und Ms. Prince getroffen wurden. Die Teilhaberschaft zum Beispiel. Das Eigentumsrecht an Pferden oder einer Jacht, zum Beispiel, oder an anderen Vermögensposten.«

»Also, warten Sie mal«, mischte sich Francis Morrish ein. »Was hat das mit Ihnen zu tun? Das ist eine Privatangelegenheit zwischen ihr selbst und ihrer Familie – und Freunden. Sie sollten von dem täglichen Käseblatt überhaupt keine Notiz nehmen«, sagte er mit einem Blick auf die Zeitung, die noch vor Joe Barnaby lag, rechts neben seinem immer kälter werdenden Kaffee.

»Halt, einen Moment«, sagte Maurice Burton und schob sich auf seinem Bürostuhl nach vorne. »Ich bin Elizabeths Anwalt, und ich finde, *ich* sollte mitberaten, was relevant ist und was nicht. Du hältst dich da raus, Morrish.«

»Also, nun wartet mal beide.«

Simon Rees mischte sich ein, bemüht, sowohl Maurice Burton als auch Francis Morrish böse anzustarren und gleichzeitig tröstlich und geschäftsmäßig auszusehen, als wäre er vollkommen Herr der Lage – denn er sah Elizabeth Princes Augen auf sich gerichtet. »Ich entscheide, was Elizabeth beantworten muß und was nicht. Hier kann schließlich nicht jeder mitmischen.«

»Hör mal, Simon, wir brauchen uns hier nicht zu schlagen«, sagte Francis Morrish und ließ fast sichtbar die Muskeln spielen, als er sprach. »Warum –«

»He, he, he. Bitte bleiben Sie ruhig. Es ist Ms. Prince überlassen, ob sie eine Aussage macht oder nicht. Vielleicht wäre sie ohne Sie alle besser dran.«

Es war Joe Barnaby, der sprach, verärgert über die geringen Fortschritte und die Art und Weise, in der sich eine Horde zankender Privatschüler in seinem Büro breitmachte. Wenigstens kam es ihm so vor. »Vielleicht sollten wir in einen der Räume unten umziehen. Mehr

Platz und weniger Hitze«, sagte er und schlug mit der flachen Hand auf den Schreibtisch.

»Hören Sie.« Es war Elizabeth Prince, und ihre Stimme klang fester als zu Beginn. »Ich möchte helfen. Und ich werde helfen. Macht euch keine Sorgen um mich, Maurice – Francis – Simon. Sie werden mich schon nicht foltern. Weswegen sollten sie mich auch foltern wollen.«

Sie wandte sich wieder an Joe Barnaby und warf dann Francesca Miles einen Blick zu. »Was war es noch, das Sie wissen wollten? Es fällt mir schwer, mich zu konzentrieren. Es tut mir leid –«

»Soviel wir wissen, waren Sie Mr. Gleixners Geschäftspartnerin«, erwiderte Francesca eilig, ehe Joe eine andere Richtung einschlagen konnte. (Nicht nur ›die Jungs‹ hatten sich vor diesem Verhör nicht geeinigt, dachte sie bedauernd. Normalerweise gelang es ihr und Joe besser, Max und Moritz, Dick und Doof oder Pat und Patachon zu spielen, oder welchem Duo auch immer sie hin und wieder nachzueifern schienen.)

»Nun, ja. Ich habe ein gutes Auge für Pferde. Er erkannte das. Er gab mir Kredit für ein paar –« Sie verstummte plötzlich. Fast gleichzeitig blickte sie zu Francis Morrish, der auf der einen Seite des Raumes saß, nahe der Tür. »Du hast immer gewußt, daß ich ganz gut erkennen kann, ob ein Pferd Gewinnchancen hat, oder?«

Beinahe überrascht sah Morrish auf. »Oh – ja, sicher, sicher. Ich erinnere mich, daß du fast immer voraussagen konntest, wer den Cup gewinnen würde. *Mir* jedenfalls schien es so.«

»Sehen Sie.« Elizabeth Prince sprach eilig weiter, und ihre Worte überstürzten sich fast. »Danil wollte groß ins Diamantengeschäft eingestiegen. Es war sein neues Wagnis – ein Abenteuer vielleicht. Wir besichtigten ein

Gestüt in der Nähe von Windsor. Die Pferde waren dort eingestellt, und es sollte verkauft werden. Wir dachten – wir dachten, wir würden mit Magruder und Bonne Tyndere anfangen. Parkson Ventura sollte dann der große Name werden. Aber – nun, nachdem Parkson Ventura fort – fort war, nun, da – begann er sich für das Diamantengeschäft zu interessieren. Danil war davon überzeugt, daß der Handelsboykott gegen Südafrika bald aufgehoben würde. Und er hatte Verbindungen zu südafrikanischen Diamantenhändlern. Wir wollten nächste Woche nach Johannesburg reisen –«

Ihre Stimme brach ab. Diesmal streckte Simon Rees den Arm aus, um sie zu trösten.

Geistesabwesend wehrte sie ihn ab. »Die Pferde waren auf unser beider Namen eingetragen. Wir wollten das Gestüt gemeinsam führen. Es sollte eine Teilhaberschaft sein. Das hat Danil immer gesagt ...«

Sie sah Francesca an. »Und jetzt – jetzt all dies.« Sie machte eine heftige Armbewegung in Richtung des *Telegraph Mirror* mit seinen Artikeln voller Gerüchte und Spekulationen.

»Nun, Elizabeth. Wir werden sie damit nicht davonkommen lassen«, sagte Maurice Burton schmallippig. »Es ist eine rechtsgültige Teilhaberschaft, offen und ehrlich. Du hast alles darin investiert. Mehr als fünf Jahre deines Lebens hast du für ihn geopfert. Wirklich, du hättest –«

Francis Morrish stieß ihn in die Rippen. Er war sofort still. Simon Rees machte weiter. »Die Teilhaberschaft ist rechtmäßig. Ich meine, sie ist legal, korrekt, unangreifbar. Elizabeth war keine stille Teilhaberin. Sie war voll an dem Geschäft mit den Pferden beteiligt. Und die Jacht zählt zum Vermögen der Teilhaberschaft. Sie ist kein

Privatposten. Sie gehört nicht zum privaten Besitz von Danil Gleixner. Rosa kann ihre Ansprüche nicht geltend machen. Auch nicht auf das Penthouse, die Gemälde, die Edelsteine –«

»Hör mal, Simon. Die Polizei interessiert sich nicht für den allerneuesten Klatsch«, sagte Maurice Burton. Sein Gesicht lief rot an vor Ärger. »Laß es – laß es einfach. Ich denke, wir haben alle genug gesagt.« Er schickte sich an, sich von seinem Stuhl zu erheben und die anderen durch sein Beispiel ebenfalls dazu zu bringen.

»Schon gut, Maurice. Ich bin froh, die Fragen des Inspektors zu beantworten. Ich möchte nur, daß es – daß es alles vorbei ist. Ich möchte gehen und mich hinlegen und eine Zeitlang meinen Frieden haben. Nein, nicht wieder ins Krankenhaus, danke. Ich will mein eigenes Bett, mein eigenes Kissen. Ich will nach Hause –«

Es klang fast wie eine Klage. Aber sie setzte sich wieder gerade in ihrem Stuhl auf. »Ich weiß ziemlich gut Bescheid über seine – unsere Finanzangelegenheiten. Deshalb – deshalb ist das alles so unglaublich. Ich kann nicht glauben, daß Danil das tun würde – sich das antun würde. Er ist ein Siegertyp, ein Mann, der niemals aufgab, egal was über ihn geredet wurde, egal mit was für Schicksalsschlägen er fertigwerden mußte. Seine Lebensgeschichte handelte doch von Erfolg und noch mehr Erfolg. Aus dem Nichts aufgestiegen. Warum sollte er annehmen, der Börsenkrach würde ihm etwas anhaben – was sollte er ihm auch anhaben können? Ich kann es – kann es nicht glauben, daß er so etwas tun würde. Sich selbst töten, meine ich.«

Die letzten Worte kamen heraus, als wollte sie sie gar nicht sagen, als fürchtete sie, mit dem Aussprechen des Wortes ›töten‹ akzeptieren zu müssen, daß er tot war.

Danil Gleixner, der sie aus einem relativ wohlhabenden, aber ach-so-gewöhnlichen Leben herausgeholt und in das Penthouse in den Skye-Apartments gebracht hatte, zum Mitbesitz eine Gestüts bei Windsor (nun, beinahe) und zu einer Teilhaberschaft, in der es auch um das teure, wunderbare Glitzern von Diamanten ging.

»Tomas Gleixner – Tom Eixn – kannten Sie ihn?« Joe Barnaby mischte sich wieder in die Unterhaltung ein und lenkte sie in die ihm genehme Richtung. Gab es da irgend etwas zwischen Elizabeth Prince und Tomas Gleixner? Irgend etwas, die Andeutung einer Verbindung, einen möglichen Grund, ihn von der Bildfläche verschwinden lassen zu wollen? Einen Grund für die Annahme, daß es sich nicht um ein unbeabsichtigtes, durch Alkohol verursachtes Ertrinken handelte – was bei Tom Eixn durchaus möglich gewesen wäre. Sondern um einen geplanten, erwünschten Tod. Die Notwendigkeit, sein Leben zu beenden, weil er etwas wußte – aber was?

Sie schwieg und schaute zu dem kleinen, schmuddeligen Fenster über Inspektor Barnabys Schulter. »Er – ich glaube, wir sind uns tatsächlich ein- oder zweimal begegnet. Oder öfter. Aber es ist lange her.«

»Er stellte Sie seinem Vater vor, nicht wahr?« sagte Francesca Miles. Sie konnte es nicht abwarten, Elizabeth dazu zu bringen, alles auszupacken, was sie wußte.

»Ja.« Elizabeth schien nicht antworten zu wollen. Dann überstürzten sich ihre Worte förmlich. »Wir – wir waren beim Rennen. In Rosehill. Golden Slipper. Ich war mit Jancey dort –« Ihre Stimme brach fast.

Dann sprach sie eilig weiter. »Jancey Peters. Meine – meine beste Freundin. Sie ging damals mit Tom, Tom Eixn. Wir waren zusammen, in der Nähe des Sattelplatzes. Danil – Danil hatte in einem der früheren Rennen ein

Pferd gemeldet. Eins der ersten Male, daß er ein Pferd im Rennen hatte. Wir – wir gingen zusammen nach vorne an die Barriere. Er kam gerade zurück. Tom wollte nicht mit ihm reden, aber er brachte ihn dazu. Danil hat immer – immer bekommen, was er wollte. Er brachte Tom dazu, mit ihm zu reden und uns vorzustellen. Danil – Danil war übermächtig, wissen Sie. Es war nicht leicht, ihm etwas abzuschlagen. Er – er erfuhr meinen Namen, erreichte, daß wir einander vorgestellt wurden – und dann ging er. Wechselte nur ein paar Worte mit mir und ging dann.«

Sie setzte sich anders hin, der Bürostuhl war unbequem.

»Dann – es muß einen Tag später gewesen sein oder so. Vielleicht gleich am nächsten Tag. Mutter rief mich an. Auf der Türschwelle lagen auf einmal Rosensträuße. Ich wohnte – ich war damals wieder zu meiner Mutter gezogen, weil Tom bei Jancey eingezogen war. Und irgendwie hatte Danil meine Adresse herausgefunden, und er überschwemmte das Haus mit Blumen. Irgendwoher wußte er, daß ich gelbe Rosen mag. Rote kann ich nicht ausstehen. Wer mir die schenken würde, hätte keine Chance. Aber er wußte – wußte, daß sie mir gefallen würden, gelbe Rosen.«

Sie beugte sich vor, nahm ihre Tasse vom Schreibtisch und trank langsam.

»Sie trafen jede halbe Stunde ein, den ganzen Tag über. Von neun Uhr morgens bis halb sechs abends. Wir hatten – nicht genug Vasen. Mutter schickte Vater los, um von den Nachbarn welche zu leihen. Als es dann um halb sechs so aussah, als würde es aufhören, als würden keine Sträuße mehr kommen, fuhr sie schnell ins Mosman Einkaufszentrum und kaufte Glasvasen. Sie sagte, wenn das öfter passieren würde, könnten wir nicht immer die

Vasen von den Nachbarn nehmen, und es wäre besser, wenn wir selber einen Vorrat hätten.«

Simon Rees räusperte sich, als wollte er sie unterbrechen. Elizabeth Prince kam ihm zuvor und redete eilig weiter. »Sie hatte recht. Am nächsten Tag kamen wieder Rosen. Diesmal fing es um halb neun morgens an und ging bis sechs Uhr abends. Vater fing an durchzudrehen. Mutter war begeistert. Sie erfand Vorwände, um die Nachbarn zum Kaffee oder Tee einzuladen. Damit sie es sahen. Nun, am Ende konnten sie kaum noch etwas sehen außer Rosen. Es ging die ganze Woche so weiter. Dann schickte er am Montag schließlich ein Telegramm. Er schrieb, er würde um zwölf Uhr mittags seinen Chauffeur schicken, um mich zum Mittagessen abzuholen. Ich – ich ging hin. Was konnte ich denn auch tun?«

Mit großen Augen sah sie erst Francesca und dann Inspektor Barnaby an. Die drei anderen Männer betrachteten ihre Schuhe.

»Travis brachte mich zu *Pegrum's*, in Woollahra. Und Danil war schon da. Er – das Mittagessen dauerte den ganzen Nachmittag, dann nahm er mich mit zu einer privaten Ausstellung in der Kunsthalle. Er wußte irgendwoher, daß ich Monet mag. Und es war diese Sonderausstellung von russischen Monets, die von einem Staat zum nächsten ging. Ich – nun, was konnte ich tun? Er wußte alles über mich, was ich gerne esse, meine Lieblingsfarben, meine liebsten Kunstwerke, Blumen, Filme, meine Lieblingsmusik. Die Oper. Er nahm mich mit zu *Salomé*. Dann *Othello. Lucia di Lammermoor. La Bohème.* Er war – er war – ich fand ihn so höflich, so zivilisiert.«

Wieder drohte ihre Stimme zu brechen. Sie senkte den Kopf. Sie hob eine Hand und fuhr sich über die linke Wange.

»Ja, so war es. Ein paar Wochen später zog ich in die Skye-Apartments. Er – er besuchte mich dort regelmäßig, die ganzen fünf Jahre über, in denen er noch mit – mit Rosa Gleixner zusammenlebte. Dann – sagte ich ihm schließlich, ›sie oder ich‹. Er mußte sich entscheiden. Er entschied sich. Für mich.«

Sie konnte den Triumph in ihrer Stimme kaum verbergen. Aber Francesca spürte, daß sich noch ein anderes Gefühl daruntermischte. Sie konnte nicht feststellen, was genau es war. Aber da war etwas –

»Jancey Peters. Was wurde aus ihr?« fragte Joe Barnaby und verfolgte weiter seine eigene Fährte. »Ist sie noch mit Tomas Gleixner zusammen?«

Es hatte keinen Hinweis auf die Anwesenheit einer Frau in Tom Eixns Unterkunft gegeben. Jedoch – selbst in alkoholisiertem Zustand mochte Tom Eixn für eine Frau attraktiv gewesen sein, dachte Joe, schaute an sich hinunter und zog sichtbar den Bauch ein. Müßte regelmäßiger zum Sport gehen –

»Sie ist tot.« Die Stimme unterbrach schroff seine Gedanken. »Aber ich will nicht darüber reden. Danil ist auch tot, und ich weiß nicht, was ich tun soll.«

Ihre Stimme drohte wieder in Wehklagen abzugleiten. Wie ein Mann erhoben sich Francis Morrish, Maurice Burton und Simon Rees und halfen (oder vielmehr zogen) Elizabeth Prince von ihrem Stuhl.

»Das reicht für einen Tag, Inspektor, Madam«, sagte Francis Morrish und deutete zur Tür. »Wir gehen jetzt. Wenn Sie sich mit Elizabeth weiterunterhalten wollen, wenden Sie sich bitte an mich. Hier ist meine Visitenkarte.« Noch ehe er sie Francesca Miles in die ausgestreckte Hand geben konnte, drückte Simon Rees ihr seine Karte hinein. Maurice Burton stand ihnen nicht nach und warf seine auf den Schreibtisch. Dann schloß sich die Tür.

»Brauchst du einen Anwalt, Fran?« fragte Barnaby. »Such dir eine Karte aus, du hast die Wahl.«

Achtes Kapitel

In dem Daniella Ruby Aufklärungsarbeit macht

Männer sind so freigiebig!
Haufenweise Frauen tragen Diamanten, Perlen und Saphire um die Finger – Geschenke von einem lieben Mann.
Und haufenweise Frauen tragen Blutergüsse um die Augen – Geschenke von einem lieben Mann.

Es war ein winziges Reihenhaus in Waterloo, gegenüber einem dünn mit Gras bewachsenen Platz, wo hochaufgeschossene Bäume eine hohe Fabrikmauer versteckten. Sie klingelten, und Daniella Gleixner öffnete ihnen. In Jeans und flachen Schuhen, mit einem großen weißen Hemd, das ihr bis zur Mitte der Oberschenkel reichte, wirkte sie wie das genaue Gegenteil von Elizabeth Prince und ihrer Schwester Mirna Gleixner Tyson.

»Daniella Ruby«, sagte sie und streckte erst Francesca Miles, dann Joe Barnaby die Hand entgegen. Dann trat sie zurück und führte sie in ein großes, luftiges Wohn-Eßzimmer, das sich von dem schmalen Durchgang aus öffnete. Sie deutete auf Sessel und ein Sofa und fragte, ob jemand Kaffee wolle – koffeinfrei, oder Tee – Kräutertee. Joe Barnaby entschied sich für den Kaffee. Er war skeptisch, aber er sehnte sich nach etwas Heißem und

Tröstlichem (und er wußte, daß so etwas die Befragung von möglichen Verdächtigen wesentlich erleichterte). An Hagebutte gewöhnt, wählte Francesca den Tee. Nach kurzer Zeit und ein wenig Geklapper und Gepolter in der Küche, die von einer Seite des Raums abging, kam Daniella Ruby Gleixner mit einem vollen Tablett zurück.

Joe Barnaby stellte sich auf das Verhör ein, nahm einen Schluck Kaffee (der, wenn man darüber nachdachte, gar nicht so schlecht war, gar nicht viel anders als der echte, dachte er; und jedenfalls war er heiß) und zerbiß einen Keks, der offenbar selbstgebacken war. Als er den Mund zur ersten Frage öffnete, kam Daniella Ruby ihm zuvor.

»Was wollen Sie wissen, Inspektor, Ms. Miles?« fragte sie, die Hände locker im Schoß.

»Nun«, sagte Joe Barnaby, etwas verwirrt durch ihr kühles Auftreten – eine wortreiche Schimpfkanonade, wie er sie durch einige Mitglieder der Familie Gleixner schon erfahren hatte, war hier nicht zu erwarten, hier gab es auch keine Anwälte, Ehemänner oder andere Anhängsel, die versuchten, die Richtung der Ermittlungen zu bestimmen oder anzuordnen, welche Fragen beantwortet werden – oder überhaupt gestellt werden sollten. Ebensowenig zog Daniella Gleixner gleich zu Anfang seine Qualifikation in Zweifel oder gar seine Fähigkeiten, diese Ermittlung überhaupt zu führen. Joe fragte sich plötzlich, ob das vielleicht bedeutete, daß sie ›diejenige welche‹ war – wenn es ›diejenige‹ oder ›denjenigen‹ überhaupt gab. Er sah sie etwas aufmerksamer an.

»Nur ein paar Routinefragen, Fragen, die wir unter solchen Umständen stellen müssen, wenn der Tod unerwartet eintritt, Sie verstehen.«

»Ich verstehe vollkommen, Inspektor, Ms. Miles«, erwiderte sie. »Bitte, nur zu.«

Aufrichtig? praktisch veranlagt? oder ruhig, berechnend, gefühllos – und schuldig? fragte sich Joe Barnaby, doch sein Gesicht blieb ausdruckslos. Das hatte er in seinen langen Jahren bei der Polizei gelernt, während seiner Zeit bei der Mordkommission. Nie – aber auch nie – etwas verraten. Niemals jemand Verdächtigen wissen lassen, daß man ihn oder sie verdächtigte. Sie bis zum Schluß im unklaren lassen. Und bei einer Familiensituation wie dieser (obwohl das nicht sehr häufig vorkam; meistens gab es kein Geheimnis der verschlossenen Tür – meistens überhaupt kein Geheimnis: Wenn es um ein Familienmitglied ging, dann üblicherweise entweder um eine Frau, die einmal zu oft geschlagen worden war, oder um einen Mann, der einmal zu oft geschlagen hatte) kam es eigentlich immer irgendwann zum Schluß, kam eigentlich immer der Zeitpunkt, an dem jemand ein Geständnis ablegte oder überführt wurde.

Wenn in einer Familie ein Verbrechen passierte, besonders, wenn es um Geld ging, darum, Besitz aufzuteilen oder Anteile zu vergeben, Testamente zu verlesen, Söhne und Töchter zu bedenken oder zu übergehen, während Ehefrauen und De-facto-Ehefrauen die liegengebliebenen Scherben auf- oder sich abkehrten, wurde das Verbrechen in der Regel aufgeklärt. Oft durch die Flucht des oder der Schuldigen. Manchmal, jedoch nur gelegentlich, durch seinen (seltener ihren) Selbstmord. Wer aus Gier tötete, verspürte im allgemeinen keine Gewissensbisse. Aber sie kamen fast nie damit durch, jedenfalls nicht, sofern die Polizei überhaupt vom Tatbestand einer Tötung erfuhr. Wer wußte schon, wie viele Todesfälle in Familien auf Schubsen oder Stoßen zurückzuführen waren, auf ein Kissen im Gesicht eines Schlafenden, auf einen sorgfältig manipulierten Unfall?

Francesca kam ihm zuvor. »Am Dienstag, als es passierte. Der Tod Ihres Vaters, meine ich. Sie waren –«

»Im Frauenhaus. Louisa Lawson, das Frauenhaus in der Innenstadt, das wir letztes Jahr in Glebe eingerichtet haben«, erwiderte sie. »Ich mache dort fünf Schichten pro Woche, und ich bin sicher, daß ich an dem Tag auf dem Dienstplan stand. Ich könnte Ihnen das Buch besorgen, damit Sie das überprüfen können – obwohl –« Sie zögerte.

»Nun, jede von den Frauen dort könnte Ihnen meine Stunden sagen, und die Tage. Ich war für den ganzen Tag eingetragen, von halb neun bis fünf. Normalerweise haben wir Dienstag abends auch Gruppentreffen. Von fünf bis sechs. Aber – ja, an dem Tag ließen wir es ausfallen, weil eine Frau hereinkam, die schlimm verprügelt worden war, und ihr Mann hatte die Kinder mitgenommen. Sie wußte nicht, wo er war. Sie dachte, er würde sich und die Kinder umbringen. Wir befürchteten das auch.«

»Und?« Francesca wollte hören, daß es diesmal gut ausgegangen war. Nun, so gut, wie es unter den Umständen gehen konnte. Sie erhielt ein Nicken zur Antwort.

»Ja. Ein Schläger, dieser Typ, aber völlig unfähig. Die Kinder fingen an zu schreien und zu weinen, und er ließ sie einfach bei *Coles* in der City. Ein Kunde fand sie auf dem Boden neben dem Süßigkeitenregal sitzend. Leere Smarties- und Gummibärchen-Packungen überall um sie rum. Sie hatten sich toll amüsiert, hatten völlig vergessen, daß ihr Vater verschwunden war.«

Sie lächelte und warf dabei den Kopf zurück. »Grace – ihre Mutter – war so erleichtert. Aber sie hatte gedacht, sie hätte sie wirklich gut trainiert, nur gesunde Sachen zu essen – wie getrocknete Aprikosen und Rosinen und Sultaninen. Falsch gedacht!

Danach war ihnen dann eine ganze Woche lang schlecht, und wir haben uns hier um sie gekümmert, bis wir einen gerichtliche Anordnung erreichten, die dem Vater das Betreten des Hauses verbot. Peg und Megan gingen mit ihr zurück, als ›Entstörerinnen‹, um zu verhindern, daß er zurückkam und sich mit Gewalt Einlaß verschaffte, sie wieder prügelte und Theater machte. Nun, als er es versuchte, wehrten sie sich, und er zog mit eingekniffenem Schwanz ab. Man kann sich nicht darauf verlassen, aber einige von diesen Schlägertypen sacken in sich zusammen wie ein kaputter Luftballon, wenn man ihnen gründlich die Meinung sagt. Schade, daß die Polizei nicht öfter etwas gegen sie unternimmt –«

Sie unterbrach sich und schaute die beiden, die sie verhörten, an. »Ja, ich glaube, damit sind Sie gemeint.« Sie fand ihre Stimme wieder. »Ich kann keine Entschuldigung für Sie finden. Genausowenig kann ich – können wir – einem Mann verzeihen, der nichts unternimmt und weiß (und sie wissen es, alle wissen es), daß der Typ nebenan seine Frau vermöbelt, oder die Kinder. Und wir können keinem Mann verzeihen, der auf einem Barhocker sitzt und sich sogenannte sexistische Witze anhört, ›den über die Frau, die‹, natürlich die Ehefrau, ›die nur mal was hinter die Ohren braucht‹. Tödlich.«

»Ich verstehe, was Sie meinen, aber ich – wir sind bei der Mordkommission«, sagte Joe schwach.

»He, ich glaube es einfach nicht. Joe, was sagst du da«, rief Francesca. »Du weißt genau, daß das meiste deiner Arbeit etwas mit dem zu tun hat, was letztlich bei dem ›Kneipenwitz‹ herauskommt.«

Er wurde rot und machte ein beschämtes, zustimmendes Gesicht.

»Nun, das ist jedenfalls meine Arbeit, und ich finde,

alle sollten es als ihre Aufgabe betrachten – solange, bis die Welt verändert ist«, sagte Daniella Ruby. »Ich glaube, ich habe viel aus – aus Erfahrung gelernt, könnte man sagen. Aus eigenen Erfahrungen.«

Sie warteten, daß sie weitersprach.

»Jawohl. Ich denke, man kann sagen, daß ich nicht sehr viel Zeit für meinen Vater hatte. Oh, ich wußte alles über die Firma. Die Tricks, die er sich einfallen ließ. Die Schiebereien. Die eigentliche Arbeit. Die guten Geschäfte und die windigen. Er verbarg nichts vor mir. Er dachte, ich würde irgendwann alles übernehmen. Konnte es nicht glauben, als ich ihm erklärte, daß ich das nicht vorhatte, daß ich nichts mit seinen Geschäften zu tun haben wollte – na ja, mit seinen und Mutters Geschäften.«

Sie fing den Blick auf, der zwischen Joe Barnaby und Francesca Miles hin- und herging.

»Oh nein, sowas nicht. Mutter war an dieser ganzen Geschäftemacherei nicht beteiligt, jedenfalls soweit ich weiß. Und ich kenne diese Firma wirklich. Aber sie hatte das Ganze mit ihm aufgebaut. Wenn sie damals am Anfang nicht dagewesen wäre, nicht das Telefon beantwortet, Aufträge angenommen und an ihn weitergeleitet hätte, wenn sie nicht die Bücher geführt hätte – nun, dann gäbe es jetzt keine Firma. Und auch keine Gleixner-Dynastie, wie er es gerne nannte. Niemanden, dem er irgendwann den ganzen Kram vererben konnte. Wer hätte sich denn um die Kinder gekümmert, wenn nicht Mutter? Wer hätte dafür gesorgt, daß wir rechtzeitig zur Schule kamen, daß uns jemand bei den Hausaufgaben half, daß jemand regelmäßig beim Süßigkeitenverkauf in der Schulkantine mitmachte oder zu den Eltern- und Bürgerversammlungen ging? Wer wäre denn sonst jedes Jahr zum ›Tag der offenen Tür‹ gekommen? Wer mußte sich die strenge

›Standpauke‹ des Schulleiters anhören, wenn Tomas sich mal wieder mit jemandem prügelte? Wer bekam die Schuld, als er zum Alkoholiker wurde? Mutter. Ja, genau. Er errichtete die Firma auf ihrer Arbeit. Ohne sie wäre er nichts gewesen.«

Sie nahm einen kräftigen Schluck Tee aus ihrem Becher und sah sie dann beide unverwandt an. »Er schlug sie dafür. Konnte es nicht ertragen, daß sie im Mittelpunkt seines Erfolges stand. Er verprügelte sie regelrecht. Ich kann mich an das Krachen erinnern, wenn sie gegen die Schlafzimmerwand ›fiel‹. Einmal schubste er sie die Treppe runter, und sie brach sich die Hüfte – nun, er brach sie ihr, müßte ich sagen. Sie lag drei Tage lang im Bett und weigerte sich, ins Krankenhaus zu gehen. Ich rief schließlich einen Notfallwagen, als Vater fort war. Er war wütend, als er zurückkam und uns unter der Obhut der Nachbarn fand, weil Mutter – Rosa – im Krankenhaus lag, im Streckverband.«

Francesca Miles und Joe Barnaby nippten schweigend an ihrem Tee beziehungsweise Kaffee. Joe knabberte so unauffällig wie möglich einen Keks.

»Sie verließ ihn ein paar Mal. Ich erinnere mich, wie sie einmal in irgendein Hotel ging oder in eine Pension, unten in Batemans Bay. Sie hatte da irgendwo Freunde. Aber sie kam immer wieder zurück. Er hatte sie fest im Griff, wie das für die meisten Frauen gilt. Der Schmerz, getrennt zu sein, das Gefühl, nicht vollständig zu sein, wenn man allein ist – das heißt, ohne Ehemann. Der feste Glaube, nur überleben zu können mit einem männlichen Brotverdiener an der Seite, obwohl man selbst findig genug ist, vielleicht selbst das meiste Geld verdient. Sie bildete da keine Ausnahme, und man kann ihr deswegen keinen Vorwurf machen. Es gab damals keine Zufluchtstätten, keine von Feministinnen geführten. Nur die Kirche, und die schickten die Frauen immer zurück. Sie schickten auch Rosa zurück. Der Priester sagte ihr, daß ihr Platz an seiner Seite sei. Sie glaubte es.«

»Möchten Sie noch eine Tasse Tee?« Francesca erhob sich und sammelte die Becher und das Tablett ein.

»Was – oh ja, danke.« Daniella blickte dankbar zu ihr hoch. »Aber – aber – das alles muß wirklich aus mir raus, verstehen Sie. Nein, bei mir geht es nicht um das ›Nieder mit Gleixner, macht ihn fertig‹-Syndrom. Nicht wie diejenigen, die immer ein Mordstheater um ihn machten und ihn in den Himmel lobten, solange er am Leben war und Geld verdiente. Diesen Typen ist es egal, wie das Geld verdient wird, solange es nur reinkommt. Aber sobald du am Boden liegst, ist es aus. Sie verlassen dich. Und wenn ein Mann sich anscheinend umgebracht hat – nun, was gibt es Schlimmeres? Was kann es für die zurückbleibende Gefolgschaft Schlimmeres geben? Sie wollen jedenfalls nicht von dem Gedanken an Mißerfolg besudelt werden. Auf keinen Fall. Man wandert also weiter zum nächsten ›erfolgreichen‹ Schweinehund und bleibt sauber.

Aber – vielleicht hilft es Ihnen weiter, wenn Sie wissen, was für ein Mann er war. Und warum meine Mutter – warum meine Mutter so ist, wie sie ist. Und Tomas. Und Mirna.«

Sie zögerte. »Ich – wir haben ein neues Projekt. Wir machen am North Shore Werbung dafür. Wir haben Plakate in den örtlichen Einkaufszentren aufgehängt. Haben sogar welche in den Polizeirevieren unterbringen können.«

Daniella lächelte. Sie erinnerte sich an entsetzte Blicke wie an glühende Unterstützung von seiten der Ladenbesitzer und Schreibtischbeamten, als sie sie wegen der

Flugblätter und des anderen Werbematerials für das Frauenhaus angesprochen hatte.

»Wir planen jetzt ein Frauenhaus in Roseville, mitten zwischen all den Mittelklasse-Villen. Es wird für die Gegend von Turramurra bis runter nach Chatswood zuständig sein, wahrscheinlich noch rüber bis nach Mosman, Hunters Hill und McMahons Point. Sie können dort wirklich eins gebrauchen, zumindest als Erholungsstätte, bis wir die Frauen wieder in ihre eigenen Häuser zurückschicken und den gewalttätigen Ehemann rausschmeißen können, egal, ob er Rechtsanwalt oder Zahnarzt oder Arzt ist oder Topmanager in irgendeiner überkandidelten Firma.«

Sie hielt für einen Augenblick inne und dachte an den Papierkrieg, den die örtlichen Behörden gegen das Kollektiv führten. Man fürchtete einen Verfall der Grundstückswerte in Roseville und Umgebung, wenn öffentlich bekannt wurde, daß ein Haufen Feministinnen mit haarigen Beinen sich als Rächerinnen in der Gemeinde niedergelassen hatten, um Frauen vor ihren Ehemännern zu retten. Das Kollektiv war auf einen sehr langen Kampf eingestellt.

In der Küche war der Wasserkessel aufgestellt. Francesca Miles lehnte am Kühlschrank, lauschte und wartete darauf, daß das Wasser kochte. Flüchtig blickte sie auf den Dienstplan, der mit einem Magneten in Form des Frauensymbols an der Kühlschranktür befestigt war. Geschirrspülen. Badezimmer. Toilette. Staubsaugen. Einkaufen. Jenes Programm, das in Küchen im ganzen Land zu finden war, besonders in Wohngemeinschaften, wo Freundinnen, oft durch ihre politische Überzeugung oder Arbeit miteinander verbunden, ein hektisches Leben führten. Ohne ›den Dienstplan‹ blieb das Geschirr ungespült im Waschbecken liegen. Der Staub sammelte sich auf Fußleisten und Tischen. Schmutzränder bildeten sich in Badewannen und Waschbecken. Toiletten – Francescas Augen wanderten die Liste der Namen ab, denen die verschiedenen Aufgaben zugeteilt worden waren: Daniella Ruby. Suzanna Merrit. Peg Jess. Daryl Corbett. Jan Erika. Daß fünf Personen in dieses kleine Reihenhaus paßten, machte den Architekten und Bauunternehmern alle Ehre, die die frühen Straßen von Sydney mit diesen Häusern füllten, die viele Zimmer hatten, um sechs-, sieben- oder achtköpfige Familien unterzubringen. Dicht gedrängt, ja. Aber erträglich. Wahrscheinlich gab es ganze vier Schlafzimmer im Obergeschoß und eines vorne, vom Flur abgehend. Eine neue Art von Bauunternehmer hatten Platz genug gefunden, um überall in der Stadt und in den Vororten Badezimmer und Toiletten einzubauen: oft winzig, gewiß, aber immer zweckmäßig. Hier also wohnte sie, Daniella Ruby Gleixner, die Tochter – und, soweit ersichtlich, Erbin des Magnaten oder vielleicht gescheiterten Magnaten – die Bücher der Eixn Enterprises mußten noch geprüft werden.

Die Tochter und Erbin sprach jetzt wieder. Sie dachte wieder laut über ihre Familie nach. Francesca nahm das Tablett und kehrte mit einem Nachschub Tee und Kaffee und einem aufgefüllten Keksteller zurück. Im Kühlschrank hatte sie ein Stück Käse und ein paar Kräcker gefunden. Geistesabwesend schnitt sich Daniella Ruby eine Ecke ab, knabberte daran und zerbrach mit einer Hand einen Kräcker.

»Ich glaube – ich glaube, ich bin entschlossen, es am North Shore zu schaffen. Entschlossen, daß das Kollektiv das Frauenhaus dort einrichtet und führt. Ich weiß, wie hart es für Mutter war. Und es schien schwieriger zu werden, je reicher Vater – wir wurden. Es gab soviel zu verlieren, und man konnte sich nirgendwohin wenden. Niemand hatte Verständnis. Mutter war eingesperrt. Sie wußte – wußte nicht, was sie machen sollte. Sie hatte wirklich niemanden, an den sie sich wenden konnte.

Großvater und Großmutter – sie hätten das nie verstanden. Mutter – Mutter mußte ihnen fast von Anfang an Lügen auftischen. Mußte so tun, als sei alles in Ordnung mit ihr, und daß sie sie nur deshalb nicht besuchen konnte, weil sie soviel Arbeit hatte. Oder sie mußte sagen, daß sie wegen irgendeiner ›Frauensache‹ im Krankenhaus war, wenn es in Wirklichkeit wegen Vater war. Nun, irgendwie war es ja auch eine Frauensache. Viel zu sehr eine Frauensache –«

Joe Barnaby schenkte den Tee ein und löffelte dann koffeinfreies Kaffeepulver in seine Tasse. Daniella Ruby Gleixner nippte abwesend und stellte dann ihre Tasse zurück.

»Mutter funktionierte ohne ihn einfach nicht. Oh ja, sie verließ ihn. Dann kehrten wir zurück. Dann verließ sie ihn. Und dann kehrten wir wieder zurück. Das ging die ganze Schulzeit über so und in den ersten Jahren an der Universität. Mirna – Mirna wurde zu Daddys kleinem Mädchen, auch wenn er sich nicht die Mühe machte, sich um sie zu kümmern. Sie suchte ständig seine Anerkennung. Es war – es war furchtbar.

Und Mutter – diese verrückten Reisen, die sie machte. Immer ins Ausland. Es ging damit los, daß sie für einen Nachmittag nach Perth flog oder hoch an die Goldküste. Sie staffierte sich mit allem aus, was sie für modische Kleidung hielt, und schlich sich in das ein, was sie für die

›Gesellschaft‹ hielt. Oh, die dachten auch, sie seien die ›Gesellschaft‹. Lady sowieso und Lady sowieso. Sie fanden es wirklich toll, wenn die Journalisten sich irrten und sie ›Lady Penelope Taylor‹ nannten anstatt ›Lady Taylor‹. Sie meinten tatsächlich, daß es einen Unterschied machte, daß es irgendwie bedeutete, sie seien wirklich Töchter des sogenannten Hochadels.« Sie lachte.

»Ich kann nicht umhin, zynisch zu werden. Es ist einfach so erbärmlich. Und daß Frauen – Frauen sich über sowas überhaupt Gedanken machen! Ihr Leben ist wahrscheinlich so beschränkt, daß sie es für lohnend halten, bei einem Mann zu bleiben oder ihn zu heiraten, nur weil er einen Titel hat. Nun, ich denke, wir arbeiten daran, die Welt zu verändern, und einige müssen einfach auf der Strecke bleiben.«

Francesca Miles nickte zustimmend. Ihr gefiel der Gedanke besser, daß alle Frauen schließlich für eine bessere Welt arbeiten würden. Aber wenn sie die Sache praktisch betrachtete, war ihr klar, daß Daniella recht hatte.

Daniella lachte entschuldigend, dann wurde sie wieder ernst.

»Im Grunde war Mutters Leben zerstört. Sie hätte so stark sein können – aber sie zerbrach daran. Ich glaube, die Knochenbrüche und die blauen Flecken (immer gut versteckt – Sonnenbrillen und Make-up bewirken mehr Wunder, als die Kosmetikindustrie jemals behaupten würde) haben auch nichts daran geändert. Sie hat sich in jemand verwandelt – den man nicht so leicht gerne haben kann. Sie verwandelt alles in einen Zirkus. Es ist –«

Inspektor Barnaby hustete leise. »Wir haben vor ein paar Tagen mit ihr gesprochen . Sie flog nach der Hochzeit von Perth nach Hongkong – nach der Hochzeit Ihrer Schwester. Sie wußten das, nehme ich an?«

»Wenn Sie wissen wollen, ob ich bei Mirnas ›großem Tag‹ dabei war, wie Mutter es nannte, dann lautet die Antwort ja.« Sie nahm sich noch Tee.

»Okay, ich bin nicht für die Ehe, für Hochzeiten, für die Kleinfamilie. Außer, wenn die Ehe für immer dauert – nicht weil es so sein muß, sondern weil beide Ehepartner es gleich gerne wollen; wenn die Hochzeit mehr bedeutet als die Übergabe einer Frau von einem Mann zum anderen; und wenn die Familienmitglieder sich mögen und nicht ausbeuterisch oder machtgierig sind.

Aber Mirna ist meine Schwester. Selbst wenn ihr Hochzeitskleid dreimal soviel gekostet hat, wie eine alleinerziehende Mutter im Jahr an Kindergeld kriegt, wenn sie für zwei Kinder sorgen muß. Selbst wenn wir mit dem Geld, das sie für das Festzelt und den Champagner ausgegeben haben, eine beachtliche Anzahlung für noch ein Frauenhaus in Double Bay hätten leisten können. Selbst wenn mit dem Geld, das sie dafür bezahlt haben, daß Sherree Dempson ›I should be so lucky‹ sang, die Kindersterblichkeitsrate in Alice Springs erheblich hätte gesenkt werden können – erstaunlich, was fließend Wasser und Kanalisation ausmachen können!«

Sie holte tief Luft und sagte dann: »Ja. Ich bin dort gewesen und habe ihr gratuliert. Und habe ihr alles Liebe gewünscht. Sie verdient ein glückliches Leben.«

Francesca Miles konnte fast sehen, wie ihr der Gedanke durch den Kopf schoß: ›Aber ist Charles Tyson derjenige, der es ihr schenken wird?‹

Daniella Ruby Gleixner knabberte einen Kräcker und kostete den Käse. Plötzlich erschien eine etwa zweiundzwanzig Jahre alte Frau in der Tür. Daniella sprang auf. »Peg, was ist? Vielleicht sollte ich –« Sie wandte sich zu Joe Barnaby und Francesca Miles. »Entschuldigen Sie mich für einen Moment, ja? Arbeit.« Sie ging hinaus und schob die andere dabei geradezu vor sich her. Sie hörten ihre besorgte Stimme, als sie ging.

Francesca und Joe hatten kaum Zeit, miteinander zu reden, als die Stimme und damit Daniella Ruby Gleixner wieder näherkam. Sie setzte sich und fuhr fort, als hätte es keine Unterbrechung gegeben.

»Nun, genau wie Mutter wurde auch Tomas nicht damit fertig. Vater schob ihn beiseite. Er wurde zu einem betrunkenen Rumtreiber. Fing mit Schießen an. Verbrachte Tage und Nächte im Schießsportclub. Wie er an die Lizenz kam, weiß ich nicht. Das zeigt, wie unmöglich unser Lizenzsystem ist: ein Betrunkener läuft frei mit einer Schußwaffe herum. Und er hatte mehr als eine.«

Sie bemerkte das Interesse in Inspektor Barnabys Gesicht. »Oh, Vater auch. Er wurde wahrscheinlich mit seiner eigenen Pistole getötet. Ich glaube sowieso nicht, daß Tomas den Mut dazu gehabt hätte. Er hatte immer Angst vor Vater. Immer. Als kleiner Junge und als erwachsener Mann. Vater brauchte bloß in seine Richtung zu schauen, und er zitterte.

Vaters Pistole – *er* hatte natürlich keine Lizenz. Er wollte einfach nichts über den ›rechten‹ Weg erreichen. Rein gar nichts. Selbst der offensichtlichste, einfachste, legale Weg war nichts für ihn, in keiner Hinsicht. Wenn man es illegal erreichen konnte, dann war Danil Gleixner dabei. Er wollte offenbar nicht im Einklang mit dem Gesetz leben. Selbst wenn es gar nicht notwendig war, etwas illegal zu machen, tat er es trotzdem. Verschaffte ihm anscheinend einc Art Befriedigung – damit durchzukommen, glaube ich. Sein Leben kreiste um die Idee, etwas zu kriegen und nichts dafür zu geben, und er haßte es, zu bezahlen, wenn es auch ohne ging, oder sich einer Regel zu unterwerfen, wenn es zu umgehen war.«

»Wann fing Tomas mit Schießen an?« fragte Barnaby. Nicht, daß er Daniellas Einschätzung ihres Bruders keinen Glauben schenkte, aber es war die erste richtige Spur in Richtung auf eine Waffe und die Fertigkeit, sie zu benutzen. Er konnte nicht einfach darüber hinweggehen.

Daniella warf ihm einen Blick zu, Käse und Kräcker auf halbem Weg zum Mund. »Oh, da war er noch ziemlich jung – sechzehn, glaube ich. Ich weiß nicht, ob er schon damals in den Schießclub eintrat, aber ich weiß, daß er mit Freunden loszog, um Kängurus und Kaninchen zu schießen. Alles, was sich bewegte. Furchtbar.«

Sie schüttelte sich.

»Er war wie besessen. Dann hat er auch seine Freundinnen angesteckt. Die eine – Jancey. Jancey Peters. Sie ging oft mit ihm, glaube ich. Eine Zeitlang waren die beiden unzertrennlich, und ich dachte schon – nun, ich dachte, sie würde ihn ein bißchen zur Ruhe bringen. Ich Dummkopf. Ich hätte es besser wissen müssen, schon wegen meiner Arbeit in der Frauenhausbewegung. Wir glauben immer, daß wir so einen Mann umkrempeln können, daß wir seine Retterin sein können. Wir haben doch alle so eine eingebaute Sozialarbeitsmoral, jede von uns. Gut – einige können sich davon freimachen, aber nicht viele.

Sie hat ihn nicht gerettet. Und er hat sie umgebracht.«

Barnaby hob überrascht den Kopf: »Sie – Sie meinen ...« Er verstummte. Sie sah sie beide an, schon darauf eingestellt, daß sie mißverstanden werden würde.

»Nein, nichts Dramatisches. Passiert jeden Tag. Er war betrunken. Fuhr sie beide mit dem Auto gegen einen Baum. Er kam ohne Verletzungen davon – vielleicht ein Kratzer am Kopf, mit höchstens ein, zwei Stichen zu nähen. Sie saß auf dem Beifahrersitz. War stundenlang eingeklemmt, bis man sie mit Schweißbrennern befreite. Und es war zu spät. Sie starb auf dem Weg ins Krankenhaus. Tomas – Tomas kam gegen eine Kaution frei.«

Neuntes Kapitel

In dem Rosa Gleixner ihren Abschied nimmt

Das Unglückliche an den meisten Liebesgeschichten ist, daß die Männer nur am Anfang wirklich scharf sind und daß die Frauen erst ganz kurz vor dem Ende außerordentlich scharf werden.

»Die Mutter ist tot. Starb sechs Monate nach dem Ehemann.« Joe Barnaby wies auf einen Bericht, der vor ihm auf dem Schreibtisch lag.

»Die Jüngste war vierzehn, als der Vater starb, und sie wurde zu einer Tante geschickt, um dort zu leben. Susanne Robards und der Bruder, Robert, studierten. Susanne machte ihr Examen gleich nach dem Tod der Mutter. Sie arbeitete drei Jahre als Apothekerin und ging dann nach Übersee. Sie müßte jetzt um die dreißig sein. Hier steht nichts davon, daß sie nach Australien zurückgekehrt ist, aber –«

»Und was ist mit Robert?« fragte Francesca, mit den Gedanken halb bei der Verzweiflung und der Sehnsucht, die zum Tod von Jennifer Robards so kurz nach dem ihres Mannes Tom geführt haben mußten. Danil Gleixner hatte nicht einen Tod, sondern zwei zu verantworten, dachte sie. Möglich, daß die Kinder auch so gedacht hatten.

»Man hat Robert ausfindig gemacht. Er wohnt in Brisbane. Ende des Jahres wechselte er von der Universität Sydney nach Brisbane und studierte dort Maschinenbau an der Technischen Universität. Seitdem lebt er dort. Er hat inzwischen eine Frau. Drei Kinder. Eine Firma mit noch einem Ingenieur und einem Architekten. Nichts im Vergleich zu Eixn Enterprises. Viel bescheidener. Aber es läuft offenbar gut.«

Er hielt einen braunen Umschlag hoch. »Dies ist der Bericht von Kriminalpolizist Rubens, CIB Queensland. Ich hatte ihn gebeten, das Alibi für den Tag, als Danil Gleixner starb, zu überprüfen. Scheint wasserdicht zu sein: kam wie üblich um acht Uhr fünf im Büro an. Als seine Sekretärin um halb neun eintraf, saß er am Schreibtisch. Sie wirkt vertrauenswürdig –«

Er hielt inne und sagte dann: »Bei Sekretärinnen weiß man natürlich nie. Sie können auch zu vertrauenswürdig sein – zugunsten des Chefs.«

»Mmm«, sagte Francesca Miles. »Denk nur an Rose Wood und das große Nixon-Debakel: siebzehneinhalb Minuten lang auf dem Tonband nur anhaltende, brüllende Stille. Ganz offensichtlich ist es gelöscht worden oder noch schlimmer – und was tut sie? Tritt für ihren Chef ein. Behauptet, es sei ihr Fehler, sie habe beim Transkribieren den Fuß zu lange auf dem Pedal des Diktiergeräts gelassen. Lächerlich. Außer sie war ein Schlangenmensch oder so etwas. Einfach unmöglich – obwohl für den Chef manchmal nichts unmöglich ist. Sie schützen ihn immer.«

»Ja«, antwortete Barnaby.

»Aber hier sind einfach zu viele Leute betroffen, als daß sie ihn alle decken könnten. Er hatte um halb zehn eine Konferenz mit seinen Partnern. Sie dauerte bis elf, und eine Sekretärin war anwesend, um alles zu protokollieren – die von jemand anders, nicht seine eigene. Also – hier bestand kein extremes Bedürfnis nach Loyalität.«

Inspektor Barnaby klopfte mit seinem Stift auf den Schreibtisch. Francesca Miles überflog die aufgeschlagenen Seiten des Berichts. Barnaby hatte recht. Robert Robards konnte man nichts anhängen.

»Ein perfektes Alibi sollte eigentlich immer Verdacht erregen«, sagte sie und sah zu Barnaby auf. Aber – wenn er nicht mit jemand anderem unter einer Decke steckt, ist er aus dem Rennen.«

»Wo wir gerade bei jemand anderem sind«, sagte Barnaby langsam. »Was ist mit dem Telefonanruf?«

»Ja, war er die ganze Zeit über in der Konferenz – keine Pause so gegen halb elf zum Beispiel?« Ihre Blicke trafen sich. War die Geschichte, die das Dienstmädchen von dem Telefonanruf erzählt hatte, wirklich echt, nämlich eine wohlüberlegte List, um es – für den Fall, daß jemand nachprüfte oder nachprüfen konnte – so aussehen zu lassen, als sei der vorgetäuschte Anruf echt gewesen? Hatte Robert Robards seine Schwester angerufen, Susanne Grace Robards, die heimlich als Dienstmädchen in den Skye-Apartments jobbte? War dies in der Absicht geschehen, sich an Danil Gleixner zu rächen, der ihrer Meinung nach ihren Vater getötet hatte? War sie nach Australien zurückgekehrt, hatte sie irgendwie die Einreisekontrolle am Flughafen umgangen? Vielleicht hatte sie einen Paß auf den Namen ihres Ehemannes, mit seiner Nationalität. Vielleicht arbeitete sie in den Skye-Apartements, ließ sich von ihrer eigentlichen Arbeit als Apothekerin beurlauben und wartete auf die Gelegenheit, Danil Gleixners Leben zu beenden, genau wie er vor etwa acht Jahren das Leben von Tom Robards verkürzt hatte?

»Wo ist dieses Dienstmädchen? Schon ausfindig gemacht?« fragte Francesca. Joe Barnaby schüttelte den Kopf.

»Verschwunden. Niemand weiß, wohin und wie. Machte sich davon, kurz nachdem sie von Constable Crawshaw verhört wurde. Das weist entweder auf Schuld hin oder auf die Angst, zu Unrecht beschuldigt zu werden. Das weiß man nie bei den Leuten. Manche glauben, daß sie automatisch unter Verdacht stehen, nur weil sie am Tatort anwesend waren. Und wenn sie nichts damit zu tun hat, ist das mit dem Telefonanruf noch schlimmer für sie. Wenn sie unschuldig ist, muß sie Angst haben, daß wir uns Gedanken machen – was ja auch der Fall ist. Wenn sie aber schuldig ist, muß ihr klar sein, daß das Täuschungsmanöver mit dem Anruf nicht lange funktionieren wird. Sie wird sowieso geplant haben, ziemlich bald nach der Entdeckung der Leiche zu verschwinden. Der Anruf gibt ihr ein Alibi, einen Grund, das Apartment nicht selbst saubermachen und die Leiche entdecken zu müssen. Sie hält sich uns dadurch lange genug vom Leib, daß sie entkommen kann, irgendeine andere Identität annehmen kann, wahrscheinlich die einer Ehefrau von einem anständigen Geschäftsmann. Und niemand hat etwas gemerkt.«

»Und du hältst nichts von der Idee, daß sie, wenn sie verheiratet war, kaum ohne Wissen ihres Mannes als Dienstmädchen arbeiten konnte«, sagte Francesca Miles. »Das passiert doch andauernd. Vollzeit-Hausfrauen arbeiten nebenbei als Vollzeit- oder Teilzeit-Prostituierte, ohne daß die Ehemänner etwas davon ahnen. Sie kommen rechtzeitig zurück, um die Kinder nach der Schule in Empfang zu nehmen, sie haben das Abendessen auf dem Tisch, wenn er vom Büro oder aus der Fabrik nach Hause kommt. Bei den Zeiten, zu denen in den Skye-Apartments geputzt wird, wäre es kein Problem für Susanne Grace, unbemerkt als Dienstmädchen dort zu arbeiten. Der Ehemann bräuchte es niemals zu erfahren. Die Kinder – falls sie welche hat – genausowenig.«

»Die einzigen Fotos, die es von ihr gibt, stammen aus ihrer Studienzeit«, sagte Barnaby. »Crawshaw behauptet, es sei möglich – aber es ist schwierig, ein Gesicht mit einem Foto zu vergleichen, das mindestens acht Jahre alt ist.«

»Man müßte schon ein guter Polizist sein, um irgend jemanden unter solchen Umständen eindeutig zu identifizieren«, sagte Francesca.

»Und eine Studentin von vor acht Jahren mit einem Dienstmädchen in den Skye-Apartments zu vergleichen, ist meines Erachtens eine besonders schwierige Aufgabe. Die Studentin schlampig, das Dienstmädchen tadellos gekleidet. Die Studentin mit wirren Haaren, und das Dienstmädchen mit einer gepflegten Frisur.«

Sie seufzte. »Na, und was ist mit der jüngeren Tochter – Margaret, nicht?«

»Sie hat nicht die richtigen Freunde«, sagte Inspektor Barnaby. »Auf der Schule fing sie an, mit verrückten Leuten rumzulaufen, und an der Universität wurde es noch schlimmer. So etwas passiert Frauen heutzutage.« Er lachte über Francescas Gesichtsausdruck. »Ich nehme dich nur auf den Arm, aber du weißt, was ich meine. Die Tante sagte, sie mußte sie schließlich aus dem Haus schicken. Sie fing an, alle möglichen verrückten Leute mit nach Hause zu bringen. Den Nachbarn gefiel das gar nicht. Sie nahmen offenbar Anstoß an unrasierten Beinen. Jedenfalls behauptet die Tante das. Sie sagte ihr, daß sie ausziehen müsse und erst zurückkommen dürfe, wenn sie bereit sei, ein anständiges Leben zu führen. Die Tante wohnt in Strathfield, und ich glaube, dort bedeutet das drei Mahlzeiten am Tag, ein warmes Abendessen, sonntags zur Kirche und nur einmal pro Woche lange ausgehen. Dann aber um Mitternacht zu Hause sein.«

»Und was stört dich an Strathfield?« lachte Francesca. »Ich habe auch eine Tante, die dort wohnt, und am internationalen Frauentag demonstriert sie mit.«

»Dann sollte sie lieber vorsichtig sein«, erwiderte Joe Barnaby. »Und sie sollte aufpassen, daß sie nicht Margaret Robards' Tante Jessica zur Nachbarin hat, sonst setzen sie sie in den Zug und schaffen sie aus dem Land.«

»Ehefrau macht Sitzblockade», plärrten die Überschriften. »Sunny verschanzt sich auf Skye«, brüllten sie. »Rosa und Liz prügeln sich darum«, wetterten sie.

»Es geht also weiter«, sagte Francesca Miles und besah sich die Ansammlung von Zeitungen, die auf Inspektor Barnabys Schreibtisch ausgebreitet lagen. »Werden sie denn nie aufhören?«

»Wer, die Zeitungen oder Liz und Rosa?« meinte Joe Barnaby und zog fragend eine Augenbraue in die Höhe. »Weißt du, wenn ich Elizabeth Prince wäre, würde ich eine Sitzblockade in der Villa in Rose Bay machen. Wenn Rosa in dem Penthouse auf Skye zu tun hat, muß das Haus ja leer sein. Gut, bis auf das Dienstmädchen und den Butler und wer immer sonst noch dazugehört.«

Das Drama ›Rosa gegen Liz‹ schien in eine Sackgasse geraten zu sein. Rosa Gleixner hatte bei Gericht Klage eingereicht und Anspruch auf das Apartment, die Yacht, die Monets, Manets, einen Jackson Pollock und die Pferde erhoben, da sie Teil der Eixn Enterprises seien. Es gab Gerüchte, daß sie auch in Erwägung zog, mehrere kostbare Schmuckstücke einzuklagen, auf die Elizabeth Prince Anspruch erhob, sowie eine Anzahl von Pelzen und, möglicherweise, einen Wohnblock im Hafenviertel: Dies hing von der Untersuchung der Eigentumsurkunden ab, die gerade durchgeführt wurde. Mehrere Gerichtsschreiber waren sofort zur Eigentumsbehörde beordert worden.

Die Schlacht drohte sich sehr lange hinzuziehen. Kurz nachdem die ersten Schüsse abgefeuert waren, wurde eine Gegenklage im Namen ›der Geliebten‹ eingereicht (oder, wie das kürzlich verabschiedete Gesetz zur Anerkennung von De-Facto-Beziehungen es nannte, der ›de facto‹). Hierin wurde nicht nur Besitzanspruch auf jene Aktivposten erhoben, die Gegenstand von Rosas Verfügung waren, sondern dieser auch jeder Anteil an den Eixn Enterprises sowie an den Diamanten abgesprochen.

Maurice Burton und Simon Rees erschienen jeden Tag im *Sydney Morning Herald* und im *Telegraph Mirror* und jeden Abend in den Fernsehnachrichten, wo sie würdig neben dem Obersten Gericht in der Philip Street standen oder ernsthaft neben der gertenschlanken Ms. Prince einherschritten und dabei standhaft die Kameras ignorierten (oder so taten). An manchen Tagen kamen sie sogar in den *Age*, und der *Weekend Australian* brachte einen ganzseitigen Bericht auf Seite drei, dann einen Sonderbeitrag über die Anwaltslaufbahn von Simon Rees in der Wochenendbeilage. Maurice Burton war (verständlich, irgendwie) gekränkt wegen dieser zusätzlichen Aufmerksamkeit, die Simon zuteil wurde. Durch Flinkheit gepaart mit Geschicklichkeit richtete er es von nun an so ein, daß er sich immer auf der den Kameras zugewandten Seite des Bürgersteiges befand, wenn er und die beiden anderen von der Kanzlei zum Gericht spazierten. Die Kameramänner brüllten ihm manchmal zu, er solle aus dem Weg gehen. Sie zogen es vor, ihre Linsen auf Elizabeth Prince einzustellen – oben, unten, Seitenansicht, Aufnahmen von hinten, von vorne, Zoom von den Füßen zum Gesicht, wobei die Kameras immer auf ihren Beinen und ihrem Haar verweilten. Maurice jedoch zeigte keine Reue. Wenigsten bin ich öfter im Fernsehen als Grant Webster, dachte er.

Grant Webster hatte Augustus Jones, Kronanwalt, beauftragt, der zusammen mit einem Senior-Junior, Peter Summerhayes, und einem Junior-Junior, Neroli Hawkins, auftrat. (Gemäß den Regeln des Gerichts durfte ein Kronanwalt nicht allein auftreten. Er – es war meistens ein Mann, obwohl im letzten Durchgang drei Frauen zu Kronanwältinnen berufen worden waren – mußte einen Junior-Barrister zur Seite haben. Im Fall *Gleixner contra Prince* waren nicht weniger als zwei Junioren angemessen, erklärte Grant Webster seiner Arbeitgeberin Rosa Gleixner. Durch diese List hoffte er den Sprung nach oben zu schaffen und in Zukunft als Honoraranwalt der Eixn Enterprises und nicht nur von Rosa beschäftigt zu werden.) Cedric Augustus Jones nahm eine Menge Aufmerksamkeit der Fernsehkameras in Anspruch, und er war immer bereit, eine ›Einsatzbesprechung‹ in seiner Kanzlei durchzuführen. Diskret natürlich, um die Anwaltskammer nicht zu beunruhigen. Nicht, daß man dort die Absicht hatte, ihn zu rügen oder ihm Minuspunkte zu geben, nein, nicht Augustus Jones, Kronanwalt. Wenn jedoch ein Junior-Barrister – selbst ein Senior-Junior – sich so ein Verhalten erlauben würde (vor allem, wenn es eine Frau wäre), dann wäre die Ethik-Kommission der

Anwaltschaft verpflichtet, wegen unangemessenen Benehmens des Junior-Barristers eine Anhörung durchzuführen. Ein Eintrag wegen Fehlverhaltens wäre die Folge, unter Umständen konnte sogar eine Geldstrafe verhängt werden. Wie jedoch sollte die Anwaltskammer ihre Arbeit ordentlich machen und die Junioren in Schach halten, wenn ein Kronanwalt sich ganz offen über die Vorschriften hinwegsetzte? Dies machte die Doppelbödigkeit ihres Vorgehens deutlich: eine Vorschrift für alle, die letztlich aber nur für die Junioranwaltschaft galt, von denen noch niemand den Sprung in die luftigen Höhen geschafft hatte wie diejenigen, die von der Königin ernannt worden waren.

Mit Cedric Augustus Jones, Kronanwalt, als Verteidiger würde Grant Webster wohl kaum ins Fernsehen kommen, lächelte Maurice Burton mit gelinder Befriedigung. Oh, manchmal war sein Ärmel in den abendlichen Nachrichten zu sehen gewesen, wenn es ihm gelang, ihn ins Bild zu schummeln, wo der Platz hauptsächlich von Augustus Jones ausgefüllt wurde: Augustus Jones, wie er zum Gericht ging oder davon zurückkehrte; Augustus Jones, wie er energisch die Treppen hinaufschritt; Augustus Jones, wie er lässig am Sockel der Queen Victoria lehnte, auf dem Platz zwischen dem Obersten Gericht und dem Hyde Park. Und selbst wenn Websters Arm in die Nähe der Kameras kam, wurde er meistens von Augustus Jones' üppiger Gestalt verdeckt. Bei einer Gelegenheit hatte Augustus Jones, Kronanwalt, sich so weit vergessen, daß er sich lässig über das Geländer lehnte, das die Archibald Fountain in der Nähe der Macquarie Street umgab. Grant Webster hatte das für seine Chance gehalten, groß herauszukommen. Aber auch in diesem Fall hatte Cedric Augustus Jones, Kronanwalt, ihn geschlagen, hatte den gesamten verfügbaren Raum ausgefüllt, als sein Allerwertester sich zwischen beiden Bildrändern erstreckte; ein dicker, grau-schwarz gestreifter Oberschenkel schob sich auf die Linsen zu, kräftige Oberarme waren über der kräftigen Brust gefaltet oder wurden plötzlich ausgestreckt, um eine Aussage zu bekräftigen. Diese Aussagen wurden natürlich nicht den Kameras und den Fernsehzuschauern zuliebe gemacht. Oh nein. Es war reiner Zufall, daß die Kameraleute den großen Kronanwalt im Garten aufgespürt hatten, wo er sich ernsthaft mit der Klientin und ihrem Rechtsanwalt besprach. Man deklamierte nicht etwa, damit die Öffentlichkeit etwas zu konsumieren hatte. Jedenfalls sagte das Cedric Augustus Jones am nächsten Tag, als er Flinders, Kronanwalt (Leiter der Ethik-Kommission), im Korridor traf, wo sie gemeinsam die aufdringlichen Taktiken der modernen Medien beklagten: »Kein Privatleben, überhaupt kein Privatleben«, wetterte Augustus Jones, Kronanwalt. »Es ist ja nicht einmal mehr möglich, im Freien eine Privatkonferenz zu haben; sie glauben, ihnen gehöre die Welt, diese Medienmogule«, brüllte Flinders, Kronanwalt, verschwörerisch. Robalds, Kronanwalt, Vorsitzender der Anwaltskammer, gesellte sich zu ihnen. Seine Stimme verlieh der Debatte sogar noch mehr Resonanz; Meldromeath Chambers hallte wider von dem Lärm eines Kronanwalts, der einem anderen Kronanwalt zu seinen großartigen Auftritten im Fernsehen gratulierte (wenn auch nicht so explizit). Und sie gratulierten einander schweigend für die virtuose Vorstellung auf dem Korridor und verwahrten sich (durch ihr ›nicht so explizit‹) gegen jegliche Unterstellung, die ethischen Werte der Anwaltskammer seien von Einem-von-Ihnen verletzt worden.

»Nun, dies ist wohl der Beweis, daß Daniella Ruby es in mindestens einer Hinsicht haargenau getroffen hat‹, sagte Inspektor Barnaby, als die Geschichte um sie herum tobte, als das Drama der Selbstmord-Mord-Frage und der ›Leiche hinter der verschlossenen Tür‹ zum Fitneßraum in den Skye-Apartments abgelöst wurde durch den ›Tod in der Badewanne‹, wie Tom Gleixners Ende inzwischen von der Presse genannt wurde. »Sie sagte, daß Rosa alles in einen Zirkus verwandelt. Sie hat recht.«

»Ja«, stimmte Francesca Miles zu. »Schön ist das verdammt nochmal nicht. Besonders, wo wir immer noch nicht wissen, welche Aufteilung seines Imperiums Gleixner überhaupt vorgesehen hat. Bist du damit weitergekommen, Joe?«

»Auf zu seinen Anwälten Merthers, Dixon, Sandridge und Sampson«, sagte Inspektor Barnaby und hielt einen weiteren Aktenordner in die Höhe. »Wie wär's mit einem Termin heute nachmittag um halb drei, Fran?«

Später gingen sie durch den Hyde Park zurück zum Polizeihauptquartier. »Also, Daniella bekommt das meiste, genau wie fast alle vorhergesagt haben. Aber es bleibt noch genügend übrig, worum Rosa Gleixner und Elizabeth Prince sich bis zum Jüngsten Tag streiten können«, sagte Joe und griff dabei, wie immer in Streßzeiten, auf ein Klischee zurück.

»Falls es Selbstmord war und nicht Mord, kann man sich bloß fragen, warum«, erwiderte Francesca Miles. »Wenn er sich Sorgen wegen seiner Finanzlage gemacht hat, dann kann ich nur sagen, daß ich *die* Sorgen gern hätte.«

»Ich glaube, wenn du so weit oben bist, verlierst du jedes Gefühl für Proportionen«, sagte Joe Barnaby und trat einen Stein beiseite. Ihm fiel auf, daß sein Schuh keinen Glanz mehr hatte; bedeutete das, er mußte ein neues Paar Schuhe kaufen von einem Gehalt, das für eine vierköpfige Familie – und ein weiteres Kind war unterwegs – viel zu knapp schien? Ach, hätte man doch die Probleme von Danil Gleixner und Eixn Enterprises! Falls der wirklich geglaubt hatte, er – die Gesellschaft – sei in Schwierigkeiten.

»Tomas hatte recht. Er hat ihn völlig übergangen, und mit Danil Gleixners Tod endeten auch die Unterhaltszahlungen. Wenn Tom Eixn noch leben würde, wäre er auf die Unterstützung seiner Mutter oder seiner Schwester angewiesen. Für den Rest seines Lebens.«

»Oder auf seine eigenen Hände und seinen Verstand«, sagte Inspektor Barnaby und klang grimmig. »Er hätte sich zusammenreißen sollen. Hunderte – Tausende von Jugendlichen im ganzen Land haben einen viel schlechteren Start als er. Okay, er hatte einen Vater, der sich offenbar mehr für die Geschäfte als für die Familie interessierte. Der eine Tochter bevorzugte. Der die Mutter der Kinder verprügelte. Sie betrog. Aber wenigstens waren sie niemals hungrig. In finanzieller Hinsicht hatten sie alles, was sie wollten. Wenn für Geld und das leibliche Wohl gesorgt ist, wird vieles im Leben erträglich.«

»Glaubst du, ihn hat schließlich fertiggemacht, daß sein Vater ihm so wenig Aufmerksamkeit schenkte?« sinnierte Francesca.

»Kaum ein Mann würde die sprichwörtliche Gans töten, die die goldenen Eier legt, vor allem, wenn mit ihrem Tod auch das Eierlegen aufhört. Aber manchmal drängen sich Gefühle in Geldangelegenheiten oder werden so wichtig, daß sie die Vernunft besiegen. Vielleicht war Tom Gleixner schließlich doch so frustriert und neidisch auf den Erfolg seines Vaters – einen Erfolg, der ihn, den einzigen Sohn, praktisch ausschloß –, daß er zuschlug. Soweit ist er der einzige aus dem ganzen Verein, von dem wir wissen, daß er mit Pistolen umgehen konnte, und der an Pistolen rankam. Und nach dem, was Daniella sagt, war es bei ihm mehr als nur einfach schießenlernen. Er fuhr ziemlich regelmäßig zum Schießplatz raus. Selbst wenn er damit hauptsächlich vor Jancey Peters und ihren Freundinnen angeben wollte, klingt es doch so, als wäre er ein ganz guter Schütze gewesen.«

Joe Barnaby stieß nach einem anderen Stein und schoß ihn in Richtung des runden *Pond of Remembrance*. »Nun, es ist durchaus möglich. Kann sein, daß er es getan hat und dann von Reuegefühlen heimgesucht wurde und sich sinnlos betrank, während er in der Badewanne lag. Eigentlich muß man wissen, daß das riskant ist – gehört in dieselbe Kategorie wie sich im Bett zu betrinken und dann eine Zigarette anzuzünden. Ein Betrunkener mit einem Streichholz äschert sich leicht irgendwann selber ein. Ein Betrunkener mit einer Flasche in der Badewanne könnte leicht irgendwann ertrinken. Kommt einem Selbstmord ziemlich nahe. Bei ihm vielleicht sogar bewußt. Aber ich weiß nicht, ob es zu ihm paßte – der Mord, meine ich. Er kam mir recht ziellos vor.«

»Mmm. Und nicht sehr entscheidungsfreudig, unfähig, sein eigenes Leben in die Hand zu nehmen, wie man so sagt«, meinte Francesca. »Es gibt wohl kaum etwas, das mehr ›Zielen‹ oder In-die-Hand-Nehmen verlangt – sozusagen –, als sich eine Pistole zu besorgen und auf jemanden zu schießen. Vor allem, wenn es der eigene Vater ist. Und vor allem, wenn der so einschüchternd ist.«

»Damit sind wir wieder beim Unfall oder –«

»Und wenn es das ›Oder‹ ist, was ist das Motiv?«

»Er muß etwas gehört oder gesehen haben, er wußte etwas«, sagte Inspektor Barnaby.

»Meinst du, er trieb sich vielleicht gerade in der Gegend herum und hat jemand hineingehen oder herauskommen sehen, der an dem Tag nicht in den Skye-Apartments hätte sein sollen? Jemand, der überhaupt nicht dort hätte sein sollen?«

»Du meinst Rosa?«

»Nun – oder sagen wir, Daniella. Oder Charles Tyson, der vielleicht dachte, Mirna würde etwas bekommen, auch wenn er wußte (oder den starken Verdacht hatte), daß ihr nicht der Hauptanteil der Erbmasse zufallen würde. Seine Geschäfte laufen ziemlich schlecht. Selbst bei Parkson Venturas augenblicklicher Form würde er mehr brauchen, als das Pferd gewinnen kann, um da wieder herauszukommen.«

»Du meinst, mit Mirnas Unterstützung, indem sie ihn mit einem Alibi im Intercontinental deckte? Oder glaubst du, er schlich sich raus, ohne daß sie was davon merkte?«

Francesca verzog das Gesicht. »Ich denke zwar, daß er einem ziemlich auf den Geist gehen kann, aber sie ist mit ihm verheiratet. Ich kann mir nicht vorstellen, daß sie ihn nicht vermißt hätte während der Stunde, die er gebraucht hätte, um nach Double Bay und zurück zu fahren und zwischen beiden Trips schnell noch Danil Gleixner um die Ecke zu bringen. In späteren Jahren vielleicht, vielleicht sogar schon in einigen Monaten oder sogar Wochen. Aber nicht in ihren Flitterwochen.«

Sie überquerten Liverpool Street. Joe Barnaby ging auf einen Zeitungsstand zu, von dem er wußte, daß es dort Mars-Riegel gab. ›Versöhnung mit einem Kuß‹, verkündete das Werbeplakat für die frühe Nachmittagsausgabe des *Telegraph Mirror*. Barnaby bezahlte zwei Dollar für den Schokoriegel und eine Ausgabe der Zeitung. ›Witwe contra Witwe – außergerichtliche Einigung‹ lautete der Aufmacher.

Francesca Miles schaute ihm über die Schulter und las:

Grant Webster sagte heute, daß seine Klientin Rosa Gleixner, die Witwe des verstorbenen Danil Gleixner von den Eixn Enterprises, zu einer außergerichtlichen Regelung ihrer Ansprüche gegenüber Ms. Elizabeth Prince, mit der Mr Gleixner einige Jahre vor seinem verfrühten Tod zusammenlebte, gefunden habe. Danil Gleixner wurde erschossen im Fitneßraum des Penthouse-Apartments aufgefunden, in dem er mit Ms. Prince, 33, Absolventin der Mauriston School in Edgecliffe und der Universität Sydney, zusammenwohnte. Rosa (›Sunny‹) Gleixner, etwa dreißig Jahre lang seine Ehefrau, hatte eine gerichtliche Verfügung erwirkt, um Eigentum zurückzuerlangen, das ihren Aussagen zufolge den Eixn Enterprises gehörte und sich zu Unrecht im Besitz von Ms. Prince befand. Bis heute focht Ms. Prince diese Ansprüche an.

Die Bedingungen des Vergleichs sind vertraulich, aber den Parteien nahestehenden Quellen zufolge hat Mrs. Gleixner den Besitz des Penthouses in den Skye-Apartments und der Kunstsammlung wiedererlangt und Ms. Prince jegliche Ansprüche aufgegeben, die sie an die Eixn Enterprises gehabt haben mag. Ms. Prince, so heißt es, bleibt im Besitz einer Jacht und etwaiger anderer Aktivposten der Teilhaberschaft, die sie mit Mr Gleixner gegründet hatte. Nachforschungen des *Telegraph Mirror* haben bisher nicht aufdecken können, worin diese Vermögenswerte bestehen.

Daneben die obligatorischen Fotos von Rosa Gleixner, jetzt wieder mit Grant Webster an ihrer Seite (er hatte erfolgreich dafür gesorgt, daß Augustus Jones, Kronanwalt, nicht in der Nähe war, als die Kameras auftauchten), und von Elizabeth Prince, flankiert von Maurice Burton und Francis Morrish.

»Also ist alles vorbei«, sagte Joe Barnaby. »Zumindest diese Runde scheint entschieden zu sein.«

»Ja, aber wer hat den Schmuck und die Pelze bekommen?« lachte Francesca Miles. »Und was ist mit den

Diamanten? Schlampige Berichterstattung, oder haben die ›den Parteien nahestehenden Quellen‹ dem Journalisten das nicht verraten?«

Sie waren zurück über die Straße gegangen und liefen auf den Oxford Square zu. »Vielleicht sollten wir unangemeldet bei der Witwe vorbeischauen – bei der rechtmäßigen Witwe, meine ich. Wir könnten sie fragen, wo sie sich zum Zeitpunkt von Tomas' Tod aufhielt«, sagte Barnaby. Er ging voraus zum unterirdischen Parkplatz.

Die lange, geschwungene Auffahrt zu den Skye-Apartments lag verlassen. Die Fernsehkameras und Journalisten waren gegangen, nachdem sie ihren Text durchtelefoniert oder auf Band aufgenommen hatten; die Auflösung der ›Die-Ehefrauen-prügeln-sich-darum‹-Geschichte wurde schon für die Abendnachrichten vorbereitet, für die Morgenzeitungen und die ›Neuesten Nachrichten‹ in den Autofahrer- und Frühstücksprogrammen.

Joe Barnaby bog in eine Parkbucht nicht weit vom Haupteingang ein.

»Ist sie wohl noch hier oder schon wieder in Rose Bay?« fragte Francesca Miles. Würde Rosa Gleixner, nachdem sie ihre ehemalige Rivalin bezwungen hatte, auf Skye bleiben und in ihrem Sieg schwelgen? Oder würde sie, nachdem sie ihr Ziel, Elizabeth Prince aus dem Penthouse zu vertreiben, erst einmal erreicht hatte, in das wirkliche eheliche Heim zurückkehren?

»Ist einen Versuch wert«, sagte Joe, drückte auf irgendeine Klingel, allerdings mit Bedacht nicht die des Penthouses. Er wollte niemanden vorwarnen, der oder die sich möglicherweise dort aufhielt.

Trotz der beeindruckenden Fassade entsprachen die Sicherheitsvorkehrungen eindeutig nicht dem, was ursprünglich einmal vorgesehen gewesen war: Die Haustür klickte, und Joe zog sie auf; keine Stimme fragte durch die Gegensprechanlage, wer er war und was er wollte.

»Wir brauchen Rosa ja nicht zu warnen, daß wir auf dem Weg nach oben sind.« Joe Barnaby wählte eine Etage, die mehrere Stockwerke unter dem Penthouse lag. Francesca warf ihm einen mitleidigen Blick zu: Wollte er ihr etwa beweisen, daß er genauso fit war wie sie, sie vielleicht sogar an Fitneß übertraf? Manchmal führte Umsicht im Rahmen der Pflichterfüllung zu einem Energieaufwand, der sich vielleicht nicht lohnte, dachte sie. Der Fahrstuhl schwebte geräuschlos nach oben.

Sie stiegen die breite, mit dickem Teppich ausgelegte Treppe hinauf (beide leicht, aber diskret keuchend), bogen um die Ecke und standen vor der Tür zu Gleixners Penthouse. Joe Barnaby hob leicht die Augenbrauen, als er bemerkte, daß sie einen Spalt offenstand. Er sah Francesca an und klopfte leise, ein Klopfen, das für jemand, der nicht direkt hinter der Tür stand, kaum hörbar gewesen wäre. Er drückte. Die Tür schwang nach innen auf.

Lautlos, die Schritte durch den üppigen Teppichflor gedämpft, gingen Francesca Miles und Inspektor Barnaby ins Wohnzimmer. Die Jalousien waren heruntergelassen, das Licht zeichnete dünne Streifen auf den Fußboden und die Sessel. Francescas Hand packte plötzlich Joes Arm. »Schsch. Es ist Rosa. Sie schläft.«

Rosa Gleixner saß in einem niedrigen Ledersessel an einem niedrigen Messingtisch mit Glasplatte, eine Flasche neben sich. Sie sah aus, als würde sie schnarchen, aber man hörte kein Geräusch. Da erst begriff Francesca, daß dies kein Schlaf war. Und es war auch nicht Rosa. Vielmehr war es der Tod, und es war Rosas Leiche.

Auf dem Boden neben ihrer linken Hand lag ein Glas – Champagner. (Dieser Gedanke, der so fehl am Platz schien, schoß Francesca durch den Kopf, als sie die Einzelheiten in sich aufnahm.) Mit der Flasche – Pol Roger – beschwert, ein cremefarbener Bogen Papier. Er hatte Knitterspuren, als ob Rosa ihn zuerst gefaltet und sich dann anders besonnen hätte.

Vorsichtig, mit Hilfe eines Taschentuchs, um keine Fingerabdrücke zu zerstören, hob Inspektor Barnaby das Blatt auf. ›Danil‹, las er, als er die Seite überflog:

> Ich kann ohne dich nicht leben. Ich kann nur sagen, es tut mir leid. Du hast mir alles bedeutet. Ohne dich bin ich nichts. Es gibt keinen anderen Weg, kein anderes Leben. Ich liebe dich für immer.

Der Brief war mit großen, breiten Buchstaben unterschrieben, die zweifellos zu der Frau gehörten, deren Leiche jetzt ausgestreckt in dem Sessel lag und schnell abkühlte: ›Rosa, deine einzige Liebe‹.

Zehntes Kapitel

In dem Francesca die richtigen Schlüsse zieht

Männer glauben immer, daß sie in allem recht haben.
Laß einen Mann niemals zu viel über dich wissen.
Laß ihn auch niemals genau wissen, was du denkst.

»Also ist alles vorüber«, sagte Francesca Miles und lehnte sich gegen die harten Streben eines Stuhls in Inspektor Barnabys Büro. »Es war Rosa – Rosa Gleixner, die Ehefrau, die in jeder Hinsicht ungerecht behandelt wurde.«

»Genau, Fran.« Barnaby seufzte und schloß den Aktenordner vor sich.

»Es war Champagner – und Rohypnol – in dem Glas. Tödlich, wenn man zuviel von dem Gemisch trinkt. Das Neueste im Cross – und die Kids sterben daran. Sowas hat man noch nie gesehen. Eine Überdosis Heroin ist nichts dagegen. Bei Heroin weiß man wenigstens, daß man mit etwas Tödlichem herumspielt. Aber Rohypnol? Die Kids denken, es sei harmlos, weil man es vom Arzt verschrieben kriegt. Sie denken, sie können damit rumspielen, weil ihre Mütter es ganz legal kriegen. Und es gibt Ärzte im Cross, denen es egal ist, wem sie das Zeug verschreiben: Minderjährigen, Kids von vielleicht zehn

Jahren, die offensichtlich ihr Geld für alles mögliche ausgeben, nur nicht für Essen und ein richtiges Bett –«

Er verstummte. Dann sah er auf und fuhr fort.

»Wir wissen nicht, wo das Zeug herstammt. Aber sie hätte es sich überall besorgen können. Es gibt Ärzte in Double Bay und Kings Cross, die ohne zu fragen Rezepte für Drogen ausstellen, als ob sie Bestellungen für Hamburger und Pommes zum Mitnehmen aufnehmen. Keine Fragen. Rosa hätte keine Probleme gehabt. Im Badezimmerschrank in Rose Bay gab es Valium, Serapax, Mogadon, was du willst. Alles auf Rezept.«

»Aber – aber was ist mit Danil? Mit der verschlossenen Tür?« fragte Francesca und dachte über die (inzwischen entstandene) Serie von Todesfällen nach.

»Nun, sie war nicht verschlossen, das weißt du. Nicht einmal richtig zu«, sagte Inspektor Barnaby. »Und Rosa – Rosa war so stark wie ein Ochse. Sie arbeitete zu Beginn in der Firma mit, als sie gerade anfingen. Bei Autoreparaturen schleppte sie Motoren und Batterien und Auspuffrohre, sie war mit ihm unten an den Kais und arbeitete bei den Entladungen mit. Sie schaffte es bestimmt, eine Teekiste oder auch zwei zu heben. Oder auch vier. Sie erschoß ihn im Fitneßraum, schleppte ihn dann irgendwie an die Tür und verkeilte ihn so, daß er dagegenfiel, als sie ging.«

Er trommelte mit den Fingern auf den Schreibtisch.

»Der Telefonanruf wird dich interessieren. Er war echt. Wir haben in Rose Bay ein tragbares Telefon gefunden, in einer Tasche versteckt, die Rosa aus Hongkong mitgebracht hatte.«

»Was – du meinst –« Francescas Augen weiteten sich.

»Klar«, sagte Joe Barnaby. »Wir haben bei der Herzogin Aziza, bei Alyssia und Suzy Williams nachgefragt.«

Er zog ein Blatt Papier aus einem braunen Umschlag, fuhr mit dem Finger den Rand entlang und blickte dann auf.

»Wir haben noch einmal alles mit ihnen durchgesprochen. Sie kamen zusammen aus dem Flugzeug, und auf dem Weg in die Eingangshalle zum Zoll- und Einreiseschalter ging Rosa zur Damentoilette im Aufenthaltsraum der ersten Klasse. Das erste Mal hatten sie das nicht erwähnt. Sie dachten, es wäre nicht wichtig. Sie hatten nicht begriffen, daß wir über jeden, aber auch jeden Schritt Bescheid wissen wollten.«

»Und?« fragte Francesca. Sie konnte schon erraten, was jetzt kam.

»Sie war nur für ein paar Minuten von ihnen getrennt. Sie gingen langsam weiter, und sie kam hinter ihnen her. Bis dahin hatte sie ihn schon erledigt.«

»Den Anruf«, sagte Francesca und nickte. Barnaby nickte ebenfalls.

»Ja. Die Damentoilette grenzt hinten an das Rollfeld von Gate 11. Die Wand der Kabine ganz hinten besteht aus Milchglas. Und man kann die obere Hälfte herunterlassen. Von dort aus rief sie das Dienstmädchen an. Es war narrensicher. Sie brauchte gar keine Telefonzelle zu suchen. Sie mußte nur dafür sorgen, daß sie das Telefon in ihrer Tasche hatte, sie mußte wählen und die Nachricht von dem Unfall ausrichten, auflegen und rausspazieren, als hätte sie sich nur die Nase gepudert.«

»Aber – aber was wäre gewesen, wenn noch jemand anderes da drin gewesen wäre«, brach es aus Francesca heraus. »Sie wäre belauscht worden. Man kann nicht einfach Selbstgespräche auf der Toilette führen – vor allem nicht in der ersten Klasse.«

»Nun, Fran, wir haben sie nur erlebt, wenn sie sehr

laut sprach«, sagte Inspektor Barnaby. »Wenn das passiert wäre, wenn die Toiletten besetzt gewesen wären, dann hätte sie wahrscheinlich gewartet und eben riskiert, daß den anderen auffiel, wie lange sie fort war. Aber du weißt, wie es einem nach diesen internationalen Flügen geht. Man verliert das Zeitgefühl. Und wenn man mit Freunden zusammen ist, redet man und merkt gar nicht, wie lange so etwas dauert, wenn es sich nicht gerade um Stunden handelt. Oder sie hätte leise sprechen können. Ich denke, jeder von uns ist in der Lage, mit unterdrückter Stimme zu sprechen, wenn es wirklich wichtig ist.«

»Ist das Dienstmädchen aufgetaucht?« Francesca war entschlossen, wirklich alles bis ins letzte zu klären.

»Nein«, sagte Barnaby. »Crawshaw untersucht das noch für uns. Aber das ist jetzt nicht mehr so wichtig. Egal, ob sie wirklich irgendeine Verbindung zu Tom Robards oder der Familie Robards hatte – der Anruf war echt genug. Die ganze Angelegenheit hat das arme Ding verschreckt. Rosas tragbares Telefon bestätigt alles – und die Handtasche. Die drei Damen haben sie sofort wiedererkannt: es war die gleiche, die Rosa Gleixner auf dem Rückflug von Hongkong trug. Nun, warum sollte man so ein großes Ding mit sich herumschleppen, wenn man nicht mit einer bestimmten Absicht, Fran? Das ist nicht die Art von Accessoire, die ihre Freundinnen sonst an ihr zu sehen gewohnt waren.«

»Gut, und was ist mit Danil? Wie konnte sie so sicher sein, daß er sich auf Skye befand und noch nicht zur Arbeit in die City gefahren war?« fragte Francesca. Joe Barnaby beugte sich vor, stützte die Ellenbogen vor sich auf den Schreibtisch und hielt die Zeigefinger vorsichtig ans Kinn.

»Ich denke, hier kommt Tomas ins Spiel. Sie rief ihn in der Nacht davor spät an. Das hat er zugegeben. Vielleicht hat sie ihn dazu gebracht, Danil irgendwie aufzuhalten. Vielleicht ließ sie ihn am Morgen bei ihm anrufen, ehe fortging. Vielleicht erfand sie eine Geschichte, damit er warten mußte. Und dann kam Rosa mit der Pistole hereingesegelt, haute von Rose Bay ab, ohne daß es jemand merkte.«

Inspektor Barnaby hielt inne. »Es war entweder so, oder sie rief ihn auch vom Flughafen an. Selbst in der kurzen Zeit, in der sie nicht bei den anderen war, hätte sie zwei Anrufe tätigen können. Die anderen sind sich nicht sicher, wie lange genau sie in der ersten Klasse war. Du weißt ja, wie das ist. Man unterhält sich, und man achtet nicht auf sehr viel. Und man unterhält sich und geht dabei weiter und denkt gar nicht darüber nach, wie lange man da gestanden und gewartet hat.«

»Und du meinst, das ist der Grund – könnte der Grund sein, warum Tomas so enden mußte? Es wäre doch auf jeden Fall ziemlich riskant, Tomas einzubeziehen, oder?« Francesca zog die Augenbrauen zusammen, als sie an das Interview mit Tomas Gleixner zurückdachte. »Wie konnte sie sicher sein, daß er nicht kapierte, was sie vorhatte? Vor allem, als die Nachricht vom Tod seines Vaters kam? Oder glaubst du, ihr war von Anfang an klar, daß sie ihn auch umbringen mußte?«

Sie sah auf die Akte vor Inspektor Barnaby. Er hielt sie provozierend knapp außerhalb ihrer Reichweite, und seine Hand lag locker darauf. »Gibt es etwas, das Rosa mit dem Tod von Tomas in Verbindung bringt? Bis jetzt konnte niemand irgend etwas herausfinden.« Francesca Miles war entschlossen, keine Frage unbeantwortet zu lassen.

»Nun ja. Das sind so die Sachen, an die man sich bei der Polizeiarbeit gewöhnen muß. Die Antwort, die erst dann kommt, wenn es zu spät ist, oder fast zu spät«, erwiderte Inspektor Barnaby. »Der Ausrutscher einer Person, die das sogenannte perfekte Verbrechen begangen hat. Sie gerät in Panik. Oder sie denkt, wenn sie einmal damit durchgekommen ist, dann klappt es auch ein zweites Mal. Der Typ, der glaubt, er sei unbesiegbar. Und dann taucht die Passantin auf, die etwas gesehen hat, aber nicht weiß, daß sie es gesehen hat. Der Fahrradbote, der an jenem Tag mit einer Lieferung unterwegs war, aber am nächsten Tag in Urlaub fuhr und gar nicht mitkriegte, daß wir Zeugenaufrufe im Radio senden. Oder eine Frau, die sich in irgendeinem Schuppen verkriecht, um den lange geplanten Roman zu schreiben. Mit Bedacht bestellt sie die Zeitungen ab und schaltet den Fernseher nicht ein, weil sie fürchtet, abgelenkt zu werden.«

Er zog ein weiteres Blatt Papier hervor. »Hier ist es.« Er deutete auf einen Namen oben auf der Seite und auf die Absätze darunter. »Sam Tree. Abkürzung für Samantha, nehme ich an«, sagte er, leicht vom Thema abschweifend. »Sie lieferte an dem Tag Pakete in Neutral Bay aus. Sie ging zum Nachbarn nebenan, um ein Paket abzugeben, und sie sah einen Wagen ganz am Ende der Zufahrtsstraße neben Tomas' Wohnblock, dort wo sie eine Kurve zur Rückseite hin macht. Normalerweise hätte sie ihn gar nicht gesehen. Von der Straße aus war er nicht zu sehen.«

Er hielt wieder inne und fuhr dann fort.

»Nichts weiter als einer der Glücksfälle bei der Ermittlungsarbeit, Fran. Es hängt so viel von Zufällen ab. In dem Haus, wo sie das Paket abgeben sollte, traf sie niemanden an, also ging sie zur Hintertür. In der Hecke dort ist eine Lücke, genau gegenüber der Kurve in der Zufahrtsstraße. Als sie zurückkam, fiel ihr das Auto auf. Sie prägte sich das Nummernschild ein.«

»Also – wessen Wagen war es?« Francesca sah etwas ungläubig aus. »Ich würde sagen, Rosa wäre nie so dumm gewesen, ihren eigenen Wagen zu nehmen, nicht wenn sie vorhatte, den eigenen Sohn um die Ecke zu bringen – oder irgend jemand anderen.«

»Nein, du hast recht. Es war ein Leihwagen von Budget«, sagte Inspektor Barnaby, die Augen auf das Papier vor sich gerichtet. »Und wenn man weiß, wonach man sucht, paßt auf einmal alles so gut zusammen«, fuhr er fort. »Rosa bat den Butler, Manny Sims, den Wagen zu mieten. Sie sagte ihm natürlich nicht, wofür. Nur, daß sie den Wagen für den bestimmten Tag brauchte, und er besorgte ihn ihr und stellte keine Fragen. Sie war ungefähr eine Stunde lang unterwegs.«

Er seufzte.

»Jetzt wo sie tot ist, sind sie zur Mitarbeit bereit. Aber als es noch offene Fragen gab, da spielten sie die typischen diskreten Hausangestellten: nichts sehen, nichts hören, nichts wissen, nichts tun. ›Da kann Ihnen nicht helfen, Inspektor‹, ›Kann Ihnen leider nicht behilflich sein, Constable.‹ Die sprichwörtliche Wand, gegen die man redet.«

»Aber warum? Warum Tomas?« Francesca versuchte immer noch, das Rätsel zu lösen.

»Wenn nicht wegen des Anrufs, dann weil er etwas gesehen hatte oder etwas wußte. Vielleicht war er am Mordtag auf dem Weg zu seinem Vater und hat Rosa dort gesehen. Wir wissen wenigstens, daß er sagte, sie hätte ihn von Hongkong aus angerufen. Vielleicht verriet sie dabei etwas. Vielleicht spürte er, daß etwas nicht stimmte, und als Danil starb, zählte er zwei und zwei zusammen. Vielleicht bedrohte er sie. Jetzt, wo sein Vater tot war, brauchte er wahrscheinlich dringend Geld. Er wußte, daß er von Rosa abhängig sein würde oder daß er bei seiner Schwester betteln müßte. Wenn er seine Mutter in seiner Gewalt hatte, hätte er ausgesorgt.«

»Also – mit dem Brief ist der Fall erledigt«, sagte Francesca langsam. »Rosa hat schließlich doch ein Gewissen.«

»Ja. Ich denke, nach der Tat hielt sie erstmal das ganze Schlachtgetöse aufrecht«, sagte Joe. »Solange sie diese Auseinandersetzung mit ihrer Rivalin hatte, brauchte sie nicht über ihre Tat nachzudenken, und über die Tatsache, daß sie ihn nie zurückbekommen würde, jetzt, wo er tot war. Gut, Elizabeth Prince hatte ihn nicht mehr – aber da sie ihn umgebracht hatte, hatte sie ihn auch nicht mehr.«

»Der Vergleich war also der Auslöser.« Während sie sprach, zog Francesca Miles eine Tasse Pfefferminztee zu sich heran. »Kaum fand sie zu einer Einigung mit Elizabeth Prince, da hatte sie schon Zeit, sich allein zu fühlen. Und zu begreifen, daß Danil Gleixner nicht mehr zu ihr zurückkehren würde, niemals.«

»Dieser Brief zeigt, was sie dachte«, sagte Joe Barnaby. »Wahrscheinlich saß sie da und trank, nachdem ihr Anwalt gegangen war. Grant Webster sagt, er verließ sie gegen ein Uhr mittags. Wir waren gegen fünf dort. Vier Stunden, in denen sie nachdachte und trank –«

»Ja«, sagte Francesca langsam. »Es war egal, daß er ihr gegenüber gewalttätig gewesen war, daß er sie betrog, daß er sie wegen einer jüngeren Frau in Stich ließ, daß sie ihn in der Vergangenheit verlassen mußte, daß sie die Firma mit ihm aufgebaut hatte, daß sie mit der Unterstützung ihrer Eltern angefangen hatten – es war alles vergessen, weil die Reue so wehtat. Ich kenne einige –«

Sie unterbrach sich. Inspektor Barnaby fuhr eilig fort, ohne es zu merken. »Jawohl. Je betrunkener sie wurde, deste klarer wurde ihr, daß sie nicht ohne ihn leben wollte – nicht ohne ihn leben konnte. Sie schrieb den Brief, nahm Rohypnol und Champagner – und dann geht man langsam, ganz langsam hinüber, wie eine Kerze, die allmählich in ihrem eigenen Wachs erstickt.«

Francesca Miles fuhr behutsam in die Auffahrt, die im Bogen auf die Skye-Apartments zuführte. Sie hatte dort ein Treffen verabredet, in Gleixners Penthouse. Sie war nicht sicher, wem es jetzt gehörte. Wahrscheinlich würde es auf Daniella Gleixner übergehen. Vielleicht würde Daniella es als das Frauenhaus benutzen, das sie schon immer in Double Bay einrichten wollte, vielleicht würde es Vorrang haben vor dem Projekt in Roseville. North Shore – die östlichen Vororte. Sie waren wohl alle gleich geeignet, wenn es darum ging, Frauen, die von einflußreichen Männern geschlagen wurden, etwas Trost und Beistand und konkrete Hilfe zu geben.

Mmm. Sie sollte ihr den Rat geben, das Sicherheitssystem überprüfen zu lassen, um sicherzustellen, daß keine Besucher mehr aufs Geratewohl klingelten, daß niemand mehr versäumte, nachzufragen, wer denn geklingelt hatte und wen sie besuchen wollten, daß man Referenzen, vielleicht sogar Ausweispapiere verlangte.

Francesca dachte zurück an die früheren Gelegenheiten, bei denen sie das Gebäude aufgesucht hatte. Zuerst, um den Fitneßraum und die Leiche von Danil Gleixner zu inspizieren. Den Mord ›hinter verschlossener Tür‹ – oder den

Selbstmord, wie sie damals überlegt hatten. Und das letzte Mal, als sie die Leiche von Rosa Gleixner fanden – der Selbstmord ›bei offener Tür‹. Oder war es Mord gewesen, fragte sie sich.

Sie war hier, um es herauszufinden.

Sie drückte die Klingel zu Gleixners Penthouse. Man schien irgend jemanden zu erwarten. Die Haustür klickte auf ihr Klingeln hin. Sie drückte sie auf und trat ein.

Die Wohnungstür stand offen. Angesichts der Erinnerung an das letzte Mal klopfte Francesca Miles vorsichtig. »Herein.« Die Stimme kam aus dem Wohnzimmer. Francesca gehorchte. Ihre Fußballen federten auf dem dicken Teppich.

»Möchten Sie etwas trinken?« Der in sattem Rostrot schimmernde Kopf neigte sich ihr zu und deutete mit einem Nicken auf einen Sessel. Francesca setzte sich. Etwas zu trinken? Champagner und Rohypnol vielleicht. Sie schüttelte sich innerlich und betrachtete ruhig ihre Gastgeberin. »Danke, Elizabeth. Einen Kräutertee, wenn Sie welchen haben.«

Sie saßen jetzt in der Küche, beide auf Hockern, die an den Frühstückstresen angebaut waren. Vor ihnen Tassen. Elizabeth Prince' Hände lagen ruhig in ihrem Schoß. Sie sahen einander an.

»Warum sind Sie hier?« fragte Elizabeth Prince. Ihre Stimme war fest, ohne ein Zeichen von Nervosität.

»Ich denke, das wissen Sie, Elizabeth«, erwiderte Francesca Miles. »Oder soll ich Ihnen nochmal alles erklären?«

Die andere blieb selbstsicher, herausfordernd. »Es ist Ihr Auftritt, Francesca – ich darf Sie doch Francesca nennen?«

Francesca nickte. Sie hob ein Paket von ihrem Schoß, ein Paket, das sie aus dem Auto mitgebracht hatte. »Ich glaube, am Ende läuft alles auf die Herzogin von Windsor hinaus. Man kann niemals zu dünn sein, oder zu reich.«

Elizabeth Prince sah sie fragend an. »Sie meinen –«

»Die Waage. Ich habe mich gewogen, als ich das erste Mal hier war. Gleich nachdem Sie – nachdem Sie Danil Gleixners Leiche gefunden hatten. Gleich nachdem Sie die Polizei gerufen hatten und man Ihnen Beruhigungsmittel gab und Sie ins Krankenhaus brachte.«

Sie begann das Paket auf dem Tresen auszupacken.

»Ich wog drei Pfund zuviel. Ich wußte, daß ich zwischen sieben Uhr morgens, als ich mich zu Hause wog, und dem Moment, als ich hier auf Skye ankam, keine drei Pfund zugenommen haben konnte. Unmöglich. Das hieß also, entweder stimmte *Ihre* Waage nicht oder *meine* oder –« Sie zog eine Badezimmerwaage aus der Verpackung. »Ich dachte – ich dachte, ich mache mal ein Experiment«, sagte sie. »Oh, ein ganz einfaches. Einfach ein Vergleich der beiden Waagen.«

Sie rutschte von ihrem Hocker und ging den Flur hinunter, ins große Schlafzimmer. Sie spürte, daß Elizabeth Prince ihr leise folgte. Sie setzte die Waage fest auf den Teppich vor der Spiegelwand, wo sie damals (jetzt schien es ihr Monate her) gestanden und sich gewogen hatte, an jenem Tag, an dem Danil Gleixner gestorben war. »Was meinen Sie, Elizabeth? Wiege ich zuviel oder zuwenig?«

Ohne eine Antwort abzuwarten, stieg sie auf die Waage. Die Nadel schoß nach oben, zögerte, schwankte heftig hin und her und kam dann zum Stillstand. »Aha, zuviel. Wieder.« In ihrer Stimme lag gespieltes Entsetzen.

»Vielleicht – vielleicht könnten Sie mir zur Hand gehen, Elizabeth. Helfen Sie mir, das zu überprüfen«, sagte Francesca Miles. »Lassen Sie mich mein Gewicht auf dieser Waage mit dem auf Ihrer überprüfen.«

Elizabeth Prince zögerte einen Moment und zuckte dann mit den Schultern. »Okay, wenn Sie gerne möchten«, sagte sie und sah sich im Raum um.

»Wenn Sie die Waage suchen, dann werden Sie sie wohl im Fitneßraum finden, wo sie hingehört.«

Auf dem Weg zum Fitneßraum straffte Elizabeth Prince den Rücken, dann schob sie die Tür auf. Sie bückte sich, hob etwas vom Boden auf und kam zurück. »Hier.« Sie setzte die Waage neben die, auf der Francesca stand. Francesca wechselte von einem Gerät auf das andere.

»Verflixt«, rief sie in gespieltem Ärger. »Schon wieder zuviel!« Sie stieg von der Waage, die Elizabeth Prince aus dem Fitneßraum geholt hatte, und gleich wieder hinauf. »Gut, wieder liegt es entweder an mir oder an der Waage, Ihrer oder meiner. Oder...« Sie hielt inne und sah der anderen ruhig in die Augen.

»Oder es ist, weil jede Frau mit etwas Verstand, jede, die etwas von Waagen versteht, die sich regelmäßig wiegt, genau weiß, daß es sinnlos ist, wenn die Waage auf einem Teppich steht. Das stimmt doch, Elizabeth, oder?«

Elizabeth Princes Blick flackerte einen Moment. Dann gab sie Francescas Blick mit gleicher Festigkeit zurück.

»Ich denke, Sie haben recht. Diese Waage stand im Fitneßraum – dort besteht der Fußboden aus Marmor. Wenn Sie sich dort wiegen, werden Sie merken, daß Sie wahrscheinlich auf beiden Geräten das korrekte Gewicht haben.«

»Das ist nicht nur wahrscheinlich so, oder, Elizabeth? Es ist mit Sicherheit so.« Sie setzte sich auf einen hart gepolsterten Stuhl, der neben dem Bett stand. Elizabeth Prince ließ sich auf dem bett neben ihr nieder.

»Wissen Sie, die Waage hat mich zuerst zum Nachdenken gebracht. Ich wußte von Anfang an, daß etwas nicht stimmte. Und je länger ich darüber nachdachte, desto klarer wurde mir, daß es etwas war, das genauso albern war wie Gewicht. Daß ich mir wegen meines Gewichts Sorgen machte. Sorgen über den Unterschied zwischen meinem Gewicht an jenem Morgen und dem, das die Waage hier anzeigte. Und ich wußte, ohne mir darüber klar zu sein, daß die Waage nicht am richtigen Platz war. Eine Badezimmerwaage steht normalerweise nicht im Schlafzimmer. Sie steht im Badezimmer, wie der Name schon sagt. Oder im Fitneßraum – wenn man denn einen hat.«

Sie lehnte sich im Stuhl zurück, den Rücken fest gegen die Polsterung gestützt.

»Also fing ich an, mir Fragen zu stellen. Hatte den Gedanken immer im Hinterkopf. Warum war die Waage da, wo keine Frau, die auf sich hält, sie hinstellen würde (und auch kein Mann, der auf sich hält – worauf Joe Barnaby mich damals hinwies, ohne zu ahnen, wie wichtig es war). Und erst – eigentlich erst, als ich über Rosas Brief nachdachte, Rosa Gleixners Brief, wurde mir klar, warum.«

Sie strahlte Gelassenheit aus, als sie fortfuhr, dieselbe Gelassenheit wie Elizabeth Prince.

»Sie haben ihn an dem Tag umgebracht, ehe Sie in die Stadt fuhren. Wahrscheinlich waren Sie beide dabei, das zu tun, was sie morgens meistens taten oder wenigstens manchmal. Er war mit dem Training fertig und hatte vor

Ihnen geduscht und sich angezogen. Sie duschten gerade. Sie hatten vorher alles genau geplant. Sie hatten die Pistole bereit. Er kam in den Fitneßraum, lehnte im Türrahmen, redete mit Ihnen. Sie gingen auf ihn zu, ein Handtuch über Arm und Handgelenk, damit die Pistole versteckt blieb. Sie hoben die Arme, als wollten Sie ihn umarmen. Und genau da schossen Sie.«

Elizabeth Prince schwieg. Francesca war sich nicht sicher, ob dieses Schweigen Zustimmung bedeutete. Aber sie wußte, daß die andere schon längst protestiert hätte, wenn sie sich irrte.

»Er rutschte an der Tür herunter, auf den Boden. Sie steckten ihm die Pistole in die Hand, zogen den durchsichtigen Plastikhandschuh aus, den Sie sich vorher über die Hand gestreift hatten und wickelten ihn in das blutbespritzte Handtuch. Sie gingen zurück zur Dusche, wuschen sich das Blut ab, falteten das Handtuch handlich zusammen und verließen den Fitneßraum.«

»Aber – aber die Tür war geschlossen. Und seine Leiche lehnte dagegen.« Elizabeth Prince hatte ihr Schweigen gebrochen, und Francesca Miles wußte, daß sie recht hatte.

»Ja – aber sie ging erst zu, nachdem Sie draußen waren«, sagte sie triumphierend. Sie taten, was Sie oft taten, wenn Sie den Fitneßraum benutzten. Wir wissen alle, daß die Belüftung von Fitneßräumen leider oft sehr schlecht ist. Anscheinend auch in einer so luxuriösen Umgebung wie den Skye-Apartments. Sie fanden das jedenfalls. Und Sie benutzten die Waage als Keil zwischen dem Türpfosten und der Tür, so daß eine Öffnung entstand, durch die der Dunst abziehen konnte – oder durch die ein Körper, ein dünner Körper, paßte.«

Elizabeth Princes Augen blitzten auf, dann senkte sie die Lider.

»Sie schoben sich durch die Tür, wobei Sie vorsichtig vermieden, seine Leiche zu berühren, die noch gegen die Tür gelehnt dalag. Dann zogen Sie die Waage von der anderen Seite heraus. Und da standen Sie, draußen vor dem Fitneßraum. Die Tür war fast ganz zugeklemmt. Seine Leiche war von der anderen Seite dagegen verkeilt. Sie hielten die Waage in der Hand. Und wer nichts von der als Keil benutzten Waage wußte, konnte nicht erraten, daß im Fitneßraum mit Danil Gleixner noch jemand gewesen war, als er starb.«

Francesca Miles startete einen Überraschungsangriff, jetzt ganz gewiß, daß sie aus den wenigen verfügbaren Tatsachen die Wahrheit herausgeholt hatte.

»Sie wußten, daß es jemandem auffallen konnte, daß die Waage nicht da war, wo sie hingehörte. Aber Sie glaubten nicht, daß die Polizei darauf kommen würde. Sicherlich muß man Gewichts- und Fitneßtests bestehen, um dort angenommen zu werden, aber wir alle wissen ja, wie wenig diese Tests bedeuten, wenn jemand erstmal bei der Polizei ist. Die Zeitungen sind voll von Berichten darüber, wie übergewichtig unsere Polizisten sind, wie konditionslos, an Schreibtischarbeit gewöhnt, nicht fit genug, um mit einem einzigen Satz über Zäune zu springen. Wer wäre dort wohl ein Fitneßfanatiker? Wer würde sich Gedanken machen, wo Danil Gleixner oder Elizabeth Prince ihre Badezimmerwaage aufbewahrten? Nein. Sie ließen sie im Schlafzimmer und gingen davon aus, daß es niemandem auffallen würde – was ja auch sehr leicht der Fall hätte sein können.«

»Aber – aber ich übersah die Möglichkeit, daß eine Frau bei der Polizei sein könnte«, sagte Elizabeth Prince. Sie hielt sich eilig die Hand vor den Mund, als ihr klar wurde, daß sie sich verraten hatte. Aber es war sowieso zu spät, das wußte sie. Francesca Miles hatte die Wahrheit ohne ihre Hilfe herausbekommen.

»Ja«, sagte Francesca. »Und mit dem Brief war es das gleiche. Der Brief, den man für einen Abschiedsbrief halten sollte. Der Brief von Rosa Gleixner an Danil.« Wie auf ein unhörbares Signal hin erhoben sie sich und gingen zurück in die Küche und zu einer tröstenden Tasse Tee.

»Rosa Gleixner war ein Opfer von häuslicher Gewalt, Körperverletzung. Sie wurde von ihrem Ehemann Danil verprügelt und mißhandelt. Aber sie kehrte immer wieder zu ihm zurück. Sie verließ ihn mit den Kindern. Sie blieben für eine Nacht weg. Oh, manchmal für ein paar Tage. Einmal, erzählte Daniella, für länger. Sie fuhren runter zur Küste, um ihm zu entkommen. Gelegentlich gingen sie zu ihren Eltern, mit irgendeiner erfundenen Geschichte. Aber sie kehrte immer zu Danil zurück. Und manchmal bevor sie zurückkehrte, schrieb sie ihm Briefe. Traurige Briefe. Verzweifelte Briefe. *Danil. Ich kann ohne dich nicht leben. Danil. Du bedeutest mir alles. Ohne dich bin ich nichts. Es gibt keinen anderen Weg, kein anderes Leben. Ich liebe Dich – immer.*«

Francesca drückte auf den Knopf des elektrischen Wasserkochers, um das Wasser wieder zu erhitzen. Sie warf einen Blick auf die andere Frau, deren Gesicht ausdruckslos war.

»Und warum sollte sie sagen, ›Es tut mir leid?‹ Wenn er derjenige ist, der sie schlägt. Er ist derjenige, der prügelt und mißhandelt. Wenn er derjenige ist, der seelische Folter anwendet?

Weil alle Frauen so fühlen. Frauen, die von einem Ehemann oder Geliebten schikaniert wurden. ›Ich kann nur sagen, daß es mir leid tut.‹

Es tut mir leid – daß es mich gibt. Es tut mir leid – daß ich ich bin. Es tut mir leid – daß ich die Cornflakes-Packung am falschen Ende aufgemacht habe. Es tut mir leid – daß ich die Zahnpasta aus der Mitte der Tube herausgequetscht habe. Daß ich Steaks und Eier gemacht habe, als du Fisch und Pommes frites wolltest. Daß ich Fisch und Pommes frites gemacht habe, als du Steak und Eier wolltest. Daß ich gekocht habe, wenn du nichts gekocht haben wolltest. Daß ich nicht gekocht habe, wenn du was gekocht haben wolltest.

Es tut mir leid, daß ich nicht ›gut‹ im Bett war. Oder daß ich gut im Bett war und es offensichtlich vom Milchmann gelernt hatte oder vom Zeitungsmann am Ende der Straße. Oder vom Postboten. Oder von irgendeinem Mann. Seiner Vorstellung nach.

Ja. Sie sagte es sehr oft. ›Es tut mir leid, Danil.‹ ›Ich kann nur sagen, es tut mir leid.‹ ›Es tut mir leid, daß ich ich bin.‹

Und sie schrieb es – zumindest ein Mal.«

Francesca holte eine Fotokopie des mit Rosa unterschriebenen Briefes aus der Brieftasche. Sie breitete ihn auf dem Tresen aus. Elizabeth Prince betrachtete ihn.

»Sie fanden ihn, Elizabeth, in irgendeiner Schachtel oder einer Tasche von Danil. Sie ließen ihn hier, als Sie sicher waren, daß Rosa tot war.«

»Sie – Sie können es nicht ...« Elizabeth Prince' Stimme brach.

Francesca Miles sah sie an. »Nein, Elizabeth, Sie haben wahrscheinlich recht. Ich kann es nicht beweisen. Aber es ist ziemlich wahrscheinlich, daß die Polizei es kann, wenn man sie auf die richtige Fährte setzt. Oh, Sie denken vielleicht, Sie hätten alles bedacht. Genau wie Rosa dachte, niemand würde den Wagen sehen, der bei

Tomas geparkt war, genauso dachten Sie, niemand würde Ihren Plan durchschauen. Und Sie haben bestimmt irgendwelche Fehler gemacht. Das Rezept für Rohypnol zum Beispiel. Falls die Polizei bei Ihrem Arzt nachforschen würde – oder bei irgendeinem Arzt, zu dem Sie gingen –, ob Sie jemals nach den Eigenschaften von Rohypnol gefragt haben oder danach, wie man es bekommt – mit Sicherheit würde der eine oder andere sich an etwas erinnern...«

»Aber – aber wieso sollte ich Rosa dazu bringen können, von mir etwas zu trinken anzunehmen oder in meiner Gegenwart etwas zu trinken, geschweige denn Rohypnol zu sich zu nehmen...«

Wieder versagte ihre Stimme. Wieder redete Francesca Miles sofort weiter.

»Weil alles ein Spiel war, nicht wahr, Elizabeth? Ein Spiel mit ernsten Folgen. Ein Spiel – das ernst gespielt wurde.

Die ›Frau contra Frau‹-Überschriften: Sie und Rosa überlegten sich das gemeinsam, nicht war? Die Medien waren so leicht dazu zu bringen, so leicht zum Narren zu halten. Die Presse fand es wunderbar, das wußten Sie und Rosa im voraus, daß die Journalisten und die Fernsehkameras es genießen würden. Sie fraßen Ihnen doch aus den Händen – Ihnen beiden. Ihnen – und Rosa.«

Das Wasser im Kessel kochte. Sie goß es über eine frische Portion Teeblätter und ließ das Ganze ziehen.

»Ich glaube, Sie lernten Rosa kennen, als Ihnen klar wurde, daß Danil seine Frauen schlug. Und daß er keinen Unterschied machte zwischen rechtlicher und De-facto-Ehefrau. Daß Ihre Jugend Sie nicht vor seiner Gewalttätigkeit beschützen würde. Daß das Schlagen von Ehefrauen eine Gewohnheit ist, und daß er diese Gewohnheit hatte.

Eines Abends, oder eines Morgens, nachdem er wieder gewalttätig gewesen war, riefen Sie sie an. Sie wußten nicht, an wen Sie sich wenden sollten. Zu Ihrer Mutter konnten Sie nicht gehen. Sie wollten sie nicht beunruhigen. Sie würde vielleicht sagen: ›Ich habe es dir gleich gesagt.‹ Oh, sie war beeindruckt von Danil Gleixners Großzügigkeit, aber für sie war er letztlich doch ein Handwerker. Oder ein Arbeiter, der es geschafft hatte.

Zu Ihren Freundinnen konnten Sie auch nicht gehen. Sie mochten nicht zugeben, daß Sie einen Fehler gemacht hatten. Und Jancey – Jancey Peters – sie war tot, nicht wahr, Elizabeth? Von Tomas Gleixner getötet.«

Fast gleichzeitig nahmen sie und Elizabeth einen dankbaren Schluck von der heißen Flüssigkeit.

»Also sprachen Sie mit Rosa Gleixner. Und sie sagte Ihnen die Wahrheit, die Sie schon befürchtet hatten. Die Sie aber nicht glauben wollten, damals noch nicht. Daß er immer weitermachen würde. Und wenn er aus Ihnen ein Objekt gemacht hatte, das nur noch für ihn lebte, das nicht entkommen konnte, auch wenn Sie es versuchten, dann würden Sie wirklich ›sein eigen‹ sein.«

Wie gegen ihren Willen nickte Elizabeth Prince, offenbar hypnotisiert. Francesca fuhr eilig fort. Sie wußte, daß sie sich dem Ende näherte.

»Allmählich entstand mehr als eine flüchtige Bekanntschaft zwischen Ihnen und Rosa Gleixner. Irgendwann fingen Sie an, sich sozusagen heimlich zu treffen. Ohne Danils Wissen. Und bei einem dieser Treffen, oder auch im Laufe der Zeit, beschlossen Sie und Rosa, Danil Gleixner umzubringen.«

Plötzlich wurden Sie vom Läuten des Telefons unterbrochen. Elizabeth Prince zögerte, sah Francesca an, ging auf das Telefon zu. Sie nahm den Hörer ab. Francesca konnte aus dem Hörer heraus eine dünne Stimme hören. Elizabeth Prince antwortete. »Peg. Peg. Ja –«

Es wurde mehr geredet.

»Nein. Nein, ich kann nicht – Jetzt nicht. Ich – ich bin nicht sicher, wann ich fortkomme. Ich weiß nicht, wann ich zurück sein werde. Kannst du – kannst du einen Augenblick warten?«

Sie blickte zu Francesca Miles hinüber, die ihr zuwinkte und lautlos ein paar Worte formte.

»Entschuldige, Peg, hier ist jemand –«

»Es wird nur noch fünfzehn Minuten dauern oder so. Sagen Sie ihr, daß Sie sie wieder anrufen werden – oder daß Sie ihr eine Nachricht schicken werden«, sagte Francesca. Sie war fast am Ende angelangt. Sie wollte weitermachen.

Elizabeth Prince murmelte etwas in den Hörer und hängte ein. Sie kehrte zurück zum Tresen, setzte sich auf ihren Hocker, nahm einen Schluck Tee. Francesca Miles fuhr fort.

»Sie planten es zusammen. Die Abmachung war, daß Sie Danil erschießen mußten. Sie wußten, wie man eine Pistole benutzt. Rosa nicht. Sie wußte, wo die Pistole war und wo er die Kugeln aufbewahrte. Sie verriet Ihnen, daß er keinen Waffenschein hatte. Daß er sie mehr als einmal damit bedroht hatte und daß es ihr gelungen war, sie vor ihm zu verstecken.

Sie machte den Anruf, um das Dienstmädchen wegzulocken. Sie rief Tomas von Hongkong aus an, direkt vor ihrem Abflug, und erfand irgendeinen Grund, warum er Danil anrufen mußte. Das war das Signal für Sie, daß Rosa unterwegs war und daß sie am nächsten Morgen Ortszeit den vorgetäuschten Anruf machen würde, um das Dienstmädchen aus dem Weg zu schaffen, damit

Danil nicht gefunden wurde und die exakte Todeszeit nicht feststellbar war. Die Sicherheit Ihres Plans hing davon ab, daß es Verwirrung geben würde, nicht nur darüber, ob es Selbstmord war oder Mord, sondern auch über die Todeszeit. Je später nach Ihrem Weggehen der festgestellte Todeszeitpunkt lag, desto weniger würde man Sie verdächtigen. Um so wahrscheinlicher wäre es, daß es Selbstmord war und nicht Mord, denn man würde niemanden in der Nähe gesehen haben. Zumindest nicht Sie oder Rosa. Und Sie machten sich hauptsächlich Gedanken um sich selbst und um sie.

Und natürlich machten Sie sich auch Gedanken um Daniella.«

Elizabeth Prince hob abrupt den Kopf. »Wie...« Sie fing sich wieder, zwang sich, zu schweigen. Francesca leerte ihre Tasse und schenkte sich nach.

»Sie mußten Risiken eingehen. Sie rief um zehn Uhr dreißig vom Flugplatz aus an. Sie töteten Danil Gleixner um neun Uhr dreißig. Nachdem Sie fort waren, hätte alles mögliche passieren können. Das Dienstmädchen hätte beschließen können, diesmal früh zum Saubermachen zu kommen. Tomas hätte vorbeikommen können, um zu sehen, ob irgend etwas los war. Er hätte finden können, daß der Anruf seiner Mutter und ihre Bitte, Danil unter einem Vorwand anzurufen, etwas merkwürdig waren.

Aber Sie beide fanden, daß die Gefahr sich lohnte. Für Sie beide war es unerträglich, so weiterzuleben. Wenn er tot war, hatten Sie beide eine neue Chance. Sie waren bereit, das Risiko einzugehen.«

Elizabeths Hände lagen wieder in ihrem Schoß. Ihr Gesicht war reglos, der Tee in ihrer Tasse wurde kalt.

»Und es verlief alles nach Plan. Es schien kein Problem zu geben. Sie kehrten zurück, befolgten den Plan, ins Apartment zu spazieren, als wüßten Sie nichts von dem, was Sie finden würden. Sie fanden die Tür zum Fitneßraum verklemmt. Sie riefen die Polizei. Sie machten eine Aussage. Sie ließen sich ein Beruhigungsmittel verabreichen – das war inzwischen auch nötig, nicht simuliert –, und Sie ließen sich ins Krankenhaus bringen.

Rosa inszenierte den nächsten Auftritt. Sie boxte sich nach Skye durch. Behauptete ihren Anspruch auf das Apartment, die Pferde, die Vermögenswerte Ihrer Teilhaberschaft, die Pelze, den Schmuck, die Kunstwerke. Wie vorhergesehen, zog sie die Aufmerksamkeit der Medien auf sich. Wie Sie im voraus wußten, genossen sie das Schauspiel der ›Saga der Gleixner-Frauen‹.

Sie blieben im Krankenhaus – bis sie Sie anrief, weil sie sich Sorgen machte wegen Tomas.«

Das Wasser im Kessel kochte wieder. Francesca leerte Elizabeths Tasse und löffelte Teeblätter in die Kanne. Sie fuhr fort.

»Tomas ahnte etwas. Er war nicht sicher, was er wußte, aber er glaubte, etwas zu wissen. Er wußte allerdings, daß er Ihnen das Schießen beigebracht hatte. Er hatte Sie zu seinem Schießclub mitgenommen, als er fest mit Jancey Peters befreundet war und sie mitnahm. Sie beide waren dick befreundet. Sie unternahmen fast alles gemeinsam.«

»Er hat sie umgebracht.« Die Worte kamen wie ein leises, scharfes Zischen heraus. »Er hat sie umgebracht, und es war ihm egal. Er betrank sich und raste in einen Baum. Kam mit einer Kaution frei. Und Jancey – Jancey war – tot.« Elizabeth Prince sah auf. »Es ist mir egal. Es ist mir egal. Tomas loszuwerden ist jeden Preis wert. Als ich ihn tötete – als ich das betrunkene Schwein in der Badewanne runterdrückte, seine Füße so hielt, daß sein

Kopf unter Wasser rutschte und er nicht mehr atmen konnte, damit er wußte, wenigstens für einen kurzen Moment, was Jancey fühlte, als sie starb. Er verdiente es nicht, zu leben. Und ich bin froh.«

»Sie holte Sie ab, nicht wahr, Elizabeth?« Francescas Stimme fuhr unerbittlich fort. Sie hatte gewußt, daß sie recht hatte.

»Sie holte Sie aus dem Krankenhaus ab, in dem Auto, das sie – das Manny Sims gemietet hatte. Sie fuhr Sie zu Tomas' Apartment. Ihnen beiden war klar, daß er betrunken sein würde, daß Sie ihn vielleicht überzeugen könnten, zu schweigen, daß Sie ihn vielleicht bezahlen könnten, ihn zumindest ruhigstellen könnten, bis Sie etwas anderes geplant hätten.

Aber als Sie in die Wohnung kamen, war er in der Badewanne, versuchte, einen Kater zu vertreiben. Einen ständigen Kater. Sie packten die Gelegenheit beim Schopf.«

»Und was werden Sie jetzt unternehmen?« Elizabeths Stimme klang träge vor Anstrengung. »Am Ende mußte ich sie töten. Sie war drauf und dran, die Nerven zu verlieren. Und – und sie hatte vor, etwas gegen Daniella zu unternehmen. Sie wollte versuchen, das Testament anzufechten. Sie glaubte, daß sie Eixn Enterprises leiten sollte. Daß Daniella das nicht verdiente. Daß sie Danil die ganzen Jahre über ertragen hatte und daß sie wiederbekommen mußte, was sie investiert hatte.

Ich – ich konnte ihr nicht zustimmen. Oh, ich weiß, daß sie viel für die Firma getan hat. Daß ihre Eltern Danil auf die Füße halfen. Das war alles richtig. Und sie verdiente, daß ihre Leistungen gewürdigt wurden.

Aber – sie hatte sich in einen Menschen verwandelt, der haßt, der nur noch haßt. Das hatte die Art verwandelt, wie sie die Welt betrachtete. Sie wollte Danil alles heimzahlen, was er ihr angetan hatte. Sie wollte Daniella die Firma abnehmen, und dann wollte sie nur noch Geld ausgeben. Sie wollte die Firma ruinieren, sie ruinieren, damit Danil mit ansehen mußte, egal ob von oben oder von unten, wie all seine Arbeit – und ihre – sich in Luft auflöste. Rosa war voller Haß. Sie haßte und haßte.

Und – sie suchte nach einem Weg, um Danils Tod irgendwie Daniella zuzuschieben. Sie machte Andeutungen – Andeutungen, daß Danil sich an Daniella vergangen hatte, als sie ein kleines Mädchen war, und daß ihr das einen Knacks verpaßt hatte. Daß Daniella ihren Vater haßte und alles tun würde, um sich an ihm zu rächen. Sie glaubte sogar allmählich selbst, daß nicht ich es war – daß nicht wir beide es waren – die es taten – die ihn töteten. Daß Daniella es irgendwie getan hatte.«

»Und – Sie wollten nicht, daß Daniella in Gefahr geriet, stimmt's, Elizabeth?« Francescas Stimme war sanft.

»Nein. Nein. Ich –«

»War es, als Sie dieser ganzen Gewalt entkommen wollten?« fragte Francesca. »Sie sagten, daß Sie nur mit Rosa reden konnten. Aber später, vor nicht allzu langer Zeit, nahmen Sie Kontakt mit Daniellas Frauenhaus auf, nicht wahr?«

»Ja«, sagte Elizabeth Prince. »Ja. Es war – es war Zufall. Einmal – vielleicht das dritte Mal, daß er mich schlug, nicht lange bevor – bevor ich – ihn erschoß –, da rief ich das Frauenhaus an. Ich fand die Nummer in einer Broschüre in einer Arztpraxis. Ich rief an. Und Daniella war am Apparat. Erst als wir sprachen – als wir uns unterhielten, begriff sie, wer ich war. Sie verriet es mir zuerst nicht. Sie gab mir nur eine andere Nummer, die ich anrufen sollte, falls etwas passierte. Es war ihre

Privatnummer. Wir – wir fingen an, uns öfter zu unterhalten. Zuerst nur am Telefon. Ich – sie besuchte mich später – nach Danils Tod. Sie sagte – sie sagte, ich sollte zu ihr und den anderen ziehen, bis ich herausgefunden hatte, was ich tun wollte. Aber jetzt...«

Francesca Miles sah Elizabeth Prince an. Sie ging im Geiste durch, wer tot und wer am Leben war.

Tot war:

Danil Gleixner
Schlug seine Ehefrau. Schlug seine Geliebte. Ein betrügerischer Geschäftsmann. Der Schiedssprüche umging. Der versuchte, Gewerkschaften zu bestechen. Der die unbezahlte Arbeit von Frauen ausbeutete. Möglicher/wahrscheinlicher Kinderschänder.

Tomas Gleixner
Alkoholiker. Verschwender. Erpresser. Mörder mit der tödlichsten aller modernen Maschinen – dem Auto.

Rosa Gleixner
Dies war schwieriger zu beurteilen. Opfer von Gewalt in der Ehe. Ausgebeutet und nicht anerkannt für ihre Arbeit als Ehefrau und Mutter. Aber – sie hatte gedroht, eine unschuldige Frau in zwei Todesfälle zu verwickeln, in denen sie selbst eine Hauptrolle gespielt hatte. Zweifellos Helfershelferin und jedenfalls gleichberechtigte Partnerin, obwohl sie nicht selbst abgedrückt oder die Füße hochgehalten hatte. Sie hatte gedroht, mit langen Gerichtsverfahren die Erträge der Eixn Enterprises zu verschwenden. Erträge und Vermögenswerte, die man zu guten Zwecken einsetzen sollte.

Am Leben war:

Daniella Ruby
(ehemals Gleixner) mögliche/wahrscheinliche Überlebende von Inzest. Feministin. Mitarbeiterin im Frauenhaus. Trat dafür ein, die Welt zu verändern. Verwalterin der Erträge und Vermögenswerte der Eixn Enterprises. Bereit, die Erträge und Vermögenswerte der Eixn Enterprises der Frauenhausbewegung zu schenken. Um die Welt zu verändern.

Peg Jess
(ehemals Margaret Jessica Robards, davon war Francesca Miles überzeugt, ausgehend von dem feministischen Muster, den Familiennamen als Verkörperung einer patriarchalischen Vergangenheit abzulegen, zweite Vornamen abzukürzen und sie gleichzeitig mit einer neuen, frauenzentrierten Identität anzunehmen) – Überlebende der wirtschaftlichen Vernichtungsfeldzüge von Danil Gleixner und Eixn Enterprises. Feministin. Mitarbeit im Frauenhaus usw.

Elizabeth Prince
Wieder sehr schwierig. Opfer – und Überlebende – von Gewalt gegen Frauen. Aber – Mörderin von zwei Männern. Und einer Frau.

Francesca Miles dachte über die Natur des Tötens nach. Seine Ungesetzlichkeit wird von Gesetzen diktiert, die wiederum entwickelt, entworfen, ausgelegt werden durch ein Rechtssystem, das von Nichtfrauen dominiert wird. Weder Rosa Gleixner noch Elizabeth Prince hatten einschlägige Unterstützung von diesem Rechtssystem bekommen, und sie hätten sie auch nicht bekommen, wenn sie darum gebeten hätten. »Es handelt sich um eine zivilrechtliche Angelegenheit, keine strafrechtliche« – das war die Litanei, die von Polizei, Gerichten, Beamten und Richtern aufgesagt wurde, sobald Frauen Klage wegen Gewalt in der Familie einreichten. Jancey Peters, unfähig, den alkoholisierten Klauen von Tomas Gleixner zu entkommen, erhielt keine Hilfe vom System. Daniella Ruby – wie viele Kinder mochte das Rechtssystem wohl einsperren, statt ihnen zu helfen: einsperren in das Gefängnis von sexuellem Mißbrauch, sei es durch Entmündigung, Duldung oder andere offensichtlichere oder verstecktere Maßnahmen.

»Sie wollten doch Peg Jess zurückrufen«, sagte Francesca. »Das Telefon steht dort.« Sie machte eine Pause. »Man könnte es wohl als unorthodox bezeichnen, wenn die Frauenhausbewegung mit den Erträgen einer ehemaligen Teilhaberschaft für Diamantenimport betrieben wird. Und vom Erlös der Jacht und der Pelze und des Schmucks. Aber besser können Sie es doch nicht anlegen, oder? Außer, Sie behalten die Jacht für Ausflüge mit den Kindern aus den Frauenhäusern.«

Damit erhob sie sich und wandte sich zum Gehen. Sie holte ihre Visitenkarte hervor.

»Sollte Sie jemals die Lust überkommen, es sich anders zu überlegen – der Frauenhausbewegung Ihre Unterstützung zu entziehen – finanzielle oder andere –, dann denken Sie daran, daß es mich noch gibt. Und daß Joe Barnaby davon überzeugt werden könnte, daß der Todesfall von Rosa Gleixner niemals aufgeklärt wurde.

Daß der ›Abschieds‹-Brief nicht echt war. Daß man den Fall noch einmal aufrollen sollte. Ich bleibe mit Ihnen in Verbindung. Und vergessen Sie nicht – man kann zu reich sein.«

»Pumpende, rasiermesserscharfe Schilderungen eines Alptraums.« *TAZ*

Roman
210 Seiten
Gebunden
ISBN 3-88619-458-2

Irgendwann in nächster Zukunft: Die Witwe Faith Singer kehrt nach Auckland zurück, um den Buchladen ihrer verstorbenen Eltern zu übernehmen. In ihr reift die Absicht, das Lädchen inmitten der sich ausbreitenden Slums in eine Oase der Kultur zu verwandeln. Mit ihrer Schwester Violet, die Auckland kennt wie ihre Westentasche, durchstreift sie die verwüsteten Bibliotheken der Stadt auf der Suche nach guten Büchern. Die Straßen sind aufgeteilt in Territorien, bevölkert von drogensüchtigen Jugendbanden und surreal anmutenden Straßengangs. Ständig steigt die Zahl der Obdachlosen, Menschen der Straße genannt, die um ein Überleben in Würde kämpfen. Violet hat sich der tätigen Unterstützung dieser Menschen verschrieben. Wo die Politik längst versagt hat, organisiert sie kollektive Essensausgaben, medizinische Notversorgung und stellt eine große Protestbewegung auf die Beine. Als die regierende Koalition, die längst das Interesse an Menschlichkeit im System verloren hat, gegen eine Großkundgebung mobilmacht, eskaliert das soziale Klima ...

edition ariadne bei argument